自己の成長を
自覚する子ども

―非認知的能力に着目した教師支援―

愛知教育大学附属岡崎小学校 著

明治図書

JN043580

はじめに

　令和４年４月。わたしは８年ぶりの本校勤務を命じられ，再び正門を通りました。あのとき
と同じ校舎，給食通り，運動場，くすのきアリーナ（体育館），そして天高く枝葉を広げるく
すのき。きっと，故郷に帰ったときに感じる懐かしさとは，こういう気持ちなのかと感じたこと
を，昨日のことのように覚えています。と同時に，８年間という長い年月の経過と新型コロ
ナウイルス感染症のまん延が，今，本校で過ごす教員の意識，とりわけ研究に対する向き合い
方にどう影響しているのか，気になりました。

　平成31年４月より施行された働き方改革関連法により，働き方が従来から大きく変わりまし
た。いわゆる「一億総活躍社会」をめざし，個々の事情に合わせた多様な働き方ができる環境
を整備する必要性が求められました。わたしたち教員に対しては，勤務時間外の在校時間，業
務拡大，余儀なく離職する教員といった様々な諸課題の解決も含め，多忙化解消が急務と言わ
れるようになりました。

　そうした風潮のなかでも，決して忘れてはならないことは，多忙化解消の目的が「質の高い
教育を持続的に行っていくこと」である，ということです。つまり，教員は，どんな時代でも
学びつづけなければならないということです。わたしはあるとき，本校の教員に「研究をやる
べきところだよ，ここは」とはっきりと語りました。すると，すべての教員が鋭いまなざしと
ともにしっかりとうなずいてくれました。こうした研究に対する高い意識をもった本校の教員
が一丸となって全力でつくりあげたのが，今回の出版図書となります。「非認知的能力」に着
目した問題解決学習の展開を，教師支援のあり方を中心に論述しました。目の前の子どもの健
やかな成長を願うすべての先生方の参考になれば何よりですが，もとより微力です。厳しいご
叱正をいただければと思います。

　末筆ながら，わたしたちの研究に対し，真摯にかつていねいに御指導をいただきました，生
活教育研究協議会における助言者・司会者の皆様，授業研究会で講師をお勤めいただきました
皆様，愛知県並びに市町村教育委員会，愛知教育大学の多くの先生方，研究会員の皆様，そし
て諸先輩方に，衷心より御礼を申し上げます。

　令和５年７月。１年生のある子どもが，短冊に「すてきなおとなになれますように」と願い
を書きました。こんな素敵な子どもたちのために，わたしたちはこれからも「はじめに子ども
ありき」の教育をますます強く推進していくことをお誓い申し上げます。

令和５年11月

愛知教育大学附属岡崎小学校

校長　大　槻　真　哉

目　次

第Ⅰ章　自己の成長を自覚する子どもを求めて　9

第Ⅱ章　子どもが自己の成長を自覚する授業の構想と展開　17

愛知教育大学附属岡崎小学校の教育

> 　外には風が荒れてゐる。空には星が輝いてゐる。その星のやうな崇高さを，教育の仕事に於て見出したい。
>
> 　生きることの喜び―それをしみじみと味ふのでなくて何の生甲斐があらう。それを磨き深めるのでなくて何の教育があらう。　－〈略〉－
>
> 　<u>教育は生きる力を磨き深めることであらねばならぬ</u>。かくして我等の教育のプランの上には，「生活深化」の概念を力強く高潮せずには居られないのである。
>
> 　生活の深化，生の喜びを深める教育，その教育には，「誰が何と云つても動かぬ所の信念」がほしい。そしてその教育は，熱と愛とからほとばしり出る所の，「眞の教育」であらねばならぬ。
>
> （愛知県岡崎師範学校附属小学校著　『体験　生活深化の眞教育』前編　第一章より抜粋）

　大正15年，本校の前身である岡崎師範学校附属小学校著『体験　生活深化の眞教育』冒頭に記されているものである。わたしたちは，**生活教育**の理念のもと「教育は生きる力を磨き深めることであらねばならぬ」という，不易の部分を大切にしながら，新しい時代に合わせた教育活動に取り組み，長きにわたり，子どもとともに歩んできた。

本校の生活教育

> 　生活教育とは，「教育すなわち生活，生活すなわち教育」なる教育本質観の全面的理解と総合的実践との自覚である。　－〈略〉－　「生活により生活にまで」のすべてが方法であり同時に目的であるのであつて，教育の全本質観である。かくて吾々は「<u>生活による生活にまでの教育</u>」を生活教育と呼ぶ。
>
> （愛知県岡崎師範学校附属小学校著　『生活教育の実践』正篇　第三節より抜粋）

　本校の考えている生活教育は，「生活による生活にまでの教育」である。すなわち，子どもが自分の生活経験をもとに，必要な知識や技能を自ら学び取り，人間性を豊かにしていく創造的・発展的な教育活動である。この生活教育を具現する手段として，本校では，**問題解決学習**を継承・発展しながら，教育活動に取り組んでいる。

本校の問題解決学習

　本校における問題解決学習では，「生活による生活にまでの教育」を根底におき，現実の生活を手段とする。そして，これからの時代を生き抜く子どもたちが，自分の手で生活を切り拓こうとたくましく生きていくために必要な資質・能力を高め，よりよい生活をめざすことを目的としている。子どもたちが，問題解決をしていく過程で，学ぶことの楽しさや成就感を味わい，粘り強く主体的な学び方を身につけることができる学習であると考える。

問題解決学習の展開

子どもをとらえ，願いをかける
教材を模索・選定する

意識のほりおこし

対象と出会う

問いを生むかかわり合い
(思いや願いを確かめ合うかかわり合い)※1

ひとり調べ

追究(追求※2)を見直すかかわり合い
(活動を見直すかかわり合い)※1

ひとり調べ

核心に迫るかかわり合い

学び(活動)を振り返る

学びを振り返るかかわり合い
(活動を振り返るかかわり合い)※1

過去に経験しながらも，埋もれていた生活意識を改めて見つめさせ，常に気になるものとして意識させる営み

【教科】
　対象と出会ったときの疑問や感動がそれだけに終わらず，それを自分なりに意味づけたい，解決したいという追究を始めようとする意識や意欲にまで高めさせるかかわり合い

【くすのき学習】
　出会った対象にひたり込むなかで生まれた，活動の原動力となる思いや願いを明確にするかかわり合い

　互いの追究(活動)を知りたいと子どもが求めてきたときや，追究に停滞が見られたときなどに，自分の追究のよさや足りなさに気づかせたり，追究に新たな勢いをつけさせたりするためのかかわり合い

　教科・領域特有の資質・能力の高まりを実感することを中心として，一人一人が互いの追究の高まりをわかち合い，追究内容や自らの追究に価値を見いださせるためのかかわり合い

　単元をとおしてできるようになったことや成長したことを伝え合うなかで，教科・領域特有の資質・能力と非認知的能力の高まりを実感し，自己の成長を自覚できるようにするためのかかわり合い

※1　くすのき学習でのかかわり合い　※2　音楽科・図画工作科では追求

本書で活用する用語の解説

非認知的能力……問題解決学習の過程において育まれる人間性にかかわる
　　　　　　　　資質・能力。

教科・領域特有の資質・能力
　　　　　　　……問題解決学習の過程において育まれる教科・領域にかか
　　　　　　　　わる資質・能力。

自己の成長の自覚
　　　　　　　……子どもが自らの成長を実感し，その理由や過程，場面を
　　　　　　　　子ども自身が客観視できるようになること。

問　　　い　　……追究したい内容や方向が明確であり，一人一人がもつ問
　　　　　　　　題意識。

追究（追求）……問いをもった子どもが，対象にはたらきかけ，自らの力
　　　　　　　　で解決と創造の道を歩む学習活動。

ひとり調べ　……その子どもなりに対象をひきよせ，その子どもなりの方
　　　　　　　　法で，追究を深めていく学習活動。

かかわり合い……互いの得た事実や気づき，思いを出し合い，吟味するこ
　　　　　　　　とにより，追究のよさや足りなさに気づき，問いをもっ
　　　　　　　　たり，追究を見直したりするための学習活動。

朱　　　記　　……子どもの追究にとって必要な投げかけや励まし，助言や
　　　　　　　　示唆などを記すこと。気づきを意識づけたり，追究の方
　　　　　　　　向を目覚めさせたりするために行う教師の朱書き。

対　　　話　　……子どもの真意を探りだし，子どもの考えを認めたり，甘
　　　　　　　　さを指摘したりするために行う教師と子どもの話し合い。

くすのき学習……生活科と総合的な学習の時間の総称。

第I章
自己の成長を自覚する子どもを求めて

「先生，ドジョウが生きていてよかったです」

　5年生に進級した最初の登校日，真っ先に水槽に向かった幸司は，ドジョウの姿を確認すると，教師にこう告げたのである。思えば，4年生最後の登校日に，幸司は，水槽の中をじっと見つめ，必死になってドジョウを探し続けていた。しかし，ドジョウの姿はなく，「たぶん，土の中に潜っていると思う」と不安そうにつぶやいて帰って行った。春休み中もドジョウのことが頭から消えることはなかったに違いない。だからこそ，ドジョウの姿を確認できたときの幸司の目は，安心感とうれしさに満ちあふれ，輝いて見えた。

　新学年を迎えた幸司が一番に気にしていたドジョウは，幸司が1年生のくすのき学習から育ててきたドジョウである。そして，5年生になった今も，1年生のときの仲間とともに大切に育て続けている。この4年間，ドジョウに友だちが必要だと思ったときは，当時捕まえた場所まで行き，同じようにドジョウを捕まえてきた。また，ドジョウ以外の生き物も育てたほうがよいと思ったときは，アンケートを取って当時の仲間に意見を求めた。毎年，学年や学級が変わっても，仲間を集めて飼育当番について相談をした。ドジョウを育てるうえで，環境の変化など，様々な課題や困難に直面しても，幸司は，決して投げだすことはなかった。何よりも，自分一人の考えで育てるのではなく，当時の仲間とかかわりながら育ててきたのである。

　1年生の12月，ドジョウにとって快適な環境を考えながら，仲間とともにドジョウを育ててきた幸司は，「生き物に詳しい友だちに相談したからドジョウを育てられた」と，自分の活動を支えた要因として，仲間の存在を認識して，自己の成長を振り返った。単元前には，何事も自分だけの力で成し遂げようとしていた幸司であったが，仲間と協力する大切さを強く意識する姿が，そこにあった。そして，この4年間の幸司の成長を見つめたとき，4年間も生き物を育て続けられる責任感や粘り強さ，仲間とともに育てていく協調性やコミュニケーション力といった幸司の内面の成長が見えてくる。こうした成長の積み重ねが今の幸司の姿へとつながっているのである。たとえ，学校生活のなかでまわりの環境が変わったとしても，最後まであきらめずに，その変化に対応しながら仲間とともにドジョウを育て続ける幸司の姿に，生きてはたらく確かな力によって，自分の手で生活を切り拓いていこうとする姿を見たのである。

第1節　求める子どもを導く

　わたしたちは，幸司の姿から，自己の内面の成長に着目した。そして，姿として表出しづらいため，見えづらい自己の内面を「非認知的能力」の視点でしてとらえようと考えた。

1　生活教育で育まれる資質・能力から

　本校は，大正時代から続いている生活教育の理念を大切にしている。この理念を具現するために，生活に生きてはたらく力を養う問題解決学習を展開してきた。問題解決学習において，子どもたちは，追究を深めながら各教科・領域の見方や考え方，感じ方を深め，拡げていく。そのなかで仲間の考えに目を向け，受容しながら，納得するまで追究する姿を見せる。わたしたちは，このような子どもたちの姿に，自己の内面の成長も見てきた。そして，この見えづらい自己の内面を「非認知的能力」の視点でとらえようと考えたとき，各教科・領域の見方や考え方，感じ方を非認知的能力と区別する必要を感じた。そこで，各教科・領域の本質について見直し，「教科・領域特有の資質・能力」として具体化した。そして，子どもたちが，「教科・領域特有の資質・能力」の高まりとともに「非認知的能力」の高まりやはたらきを自覚する経験を積み重ねることで，生きてはたらく力として確かなものとなり，どのような時代においても自分の手で生活を切り拓いていこうとすることができると考えたのである。

2　時代に必要な資質・能力から

　時代の流れに目を向けると，AIロボット，ChatGPTの登場によって，AIと共存する社会になってきており，社会構造そのものがこれまでとは劇的に変化する状況が生じつつある。また，社会のグローバル化が進み，多様な文化や価値観を受容し，あらゆる他者を価値ある存在として尊重しながら協働的に取り組むことが，これまで以上に求められるようになってきている。このような予測困難な時代を生きていく子どもたちには，変化に適応し，様々な問題を解決するために，最後まであきらめずに粘り強く取り組む資質・能力が必要になるだろう。また，未知のものを創り出したり，既存のもののなかから新たな価値を見いだしたりするために，他者を理解する，俯瞰的な視点でものごとを見る，自己をコントロールするといった資質・能力も必要になるだろう。

　このように，これからの時代において，自分の手で生き方を切り拓いていくために，必要な資質・能力を考えたとき，自分が納得できるまでやり抜こうとする力，仲間の考えを受容し，深くかかわろうとする力などの「非認知的能力」を育んでほしいと，わたしたちは願った。さ

らに，これを授業場面にとどまらず，生活場面で生きてはたらく力として確かなものにしなければならないと考えた。そのためには，子どもたちが「非認知的能力」の高まりやはたらきによる追究の深まりを自覚していく経験を積み重ねていく必要があると考えた。

3　求める子どもの姿

　生活教育で育まれる資質・能力とこれからの時代に必要な資質・能力をふまえ，子どもたちには，非認知的能力と教科・領域特有の資質・能力を高めることで，自分の手で生活を切り拓いていってほしい。そして，6年間をとおして，問題解決学習によってこれらの資質・能力を育んだうえで，自己の成長を自覚する経験を繰り返すことで，生活に生きてはたらく力になると，わたしたちは考えた。

　子どもたちは，単元終末に，教科・領域特有の資質・能力の高まりや，その理由，過程，場面を振り返る。そのなかで，教科・領域特有の資質・能力を高めることができた理由として，非認知的能力の高まりやはたらきが影響していたことまで「自覚」することができれば，子どもたちの資質・能力が将来，生活に生きてはたらく力として，確かなものになっていくと考えた（右図参照）。そこで，わたしたちは，以下のように求める子どもの姿を設定した。

生きてはたらく力として確かなものになる資質・能力

【求める子どもの姿】
自己の成長を自覚することができる子ども

　わたしたちは，教科・領域特有の資質・能力の視点における成長と，非認知的能力の視点における成長とを合わせ，子どもの「自己の成長」として考えた。そして，自己の成長を自覚することができる子どもを求めていくのである。

第2節　わたしたちが考える「非認知的能力」

　わたしたちは，本校の問題解決学習によって子どもたちに育まれる「非認知的能力」とは何かという視点で過去の実践を見直した。また，問題解決学習をとおして，追究を深めた子どもたちの姿から，「非認知的能力」について整理した。そして，わたしたちが，研究を進めていくと，「非認知的能力」がはたらきやすい場面が見えてきたのである。そのうえで，その場面における「非認知的能力」に着目した教師支援を講じてきた。

1　「やり抜く力」と「人とかかわる力」の視点で子どもをとらえる

　非認知的能力には，「積極性」「共感性」「自己調整力」「自信」「粘り強さ」など，様々な要素が含まれ，その中身は多岐にわたる。わたしたちは，子どもをとらえる視点としての非認知的能力を整理するため，主に自己にかかわる非認知的能力と，他者にかかわる非認知的能力の二つの枠組みに分類することにした。そして，主に自己にかかわる非認知的能力を**やり抜く力**，主に他者にかかわる非認知的能力を**人とかかわる力**として考えてきた。

やり抜く力 （主に自己にかかわる非認知的能力）		人とかかわる力 （主に他者にかかわる非認知的能力）
問題解決に向けて，自分が納得できる考えにたどり着くまで，あらゆる方向や場面から思考して，最後までやり抜こうとする力のこと。「やり抜く力」によって，追究に停滞が見られたときでも，新たな方向性を模索し，自分が納得できるまで追究し続けていくことにつながる。		問題解決に向けて，仲間の考えを理解したり，相手のことを意識した視点で考えたりするなど，人とかかわろうとする力のこと。「人とかかわる力」によって，仲間の考えに対する共感や，受容により，自分の追究に新たな視点が加わり，自分の考えを深め，拡げていくことにつながる。

非認知的能力を「やり抜く力」と「人とかかわる力」に分類する

　このように，追究のなかではたらいている非認知的能力を，やり抜く力と人とかかわる力で分類すると，「自信」や「粘り強さ」のようにやり抜く力にかかわるもの，または「共感性」や「協調性」のように人とかかわる力にかかわるものがある。しかし，研究を進めるなかで，「自己調整力」や「コミュニケーション力」のように，やり抜く力と人とかかわる力の両方にかかわるものもあることがわかった。そこで，やり抜く力と人とかかわる力を整理した（左図参照）。二つに分類したことで，それぞれの力が，互いに高め合ったり，一方が他方に影響するといった相互関係が見えてきた。

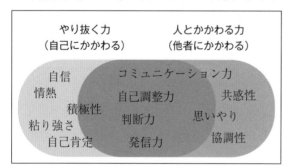

本校が考える非認知的能力のモデル図

前述した非認知的能力の関係性をふまえたうえで，わたしたちは，目の前の子どもの姿をとらえ，願いをかける。そして，その願いを具現する教材を模索・選定していく。また，単元を構想する段階において，「非認知的能力」が高まったり，はたらいたりしやすい場面を見通すようにする。

2　問題解決学習の過程で「非認知的能力」が表れやすい場面

非認知的能力が高まったり，はたらいたりする場面は一人一人の子どもや教材によって違ってくる。しかし，わたしたちが，やり抜く力と人とかかわる力の二つの視点で子どもをとらえ続けたことで，問題解決の過程において，非認知的能力がはたらいて教科・領域特有の資質・能力が高まりやすい場面や，非認知的能力の高まりを実感しやすい場面が見えてきた。ここでは，より多くの実践で共通して見られた二つの場面を紹介する。

（ア）追究（活動）に停滞が見られた場面
　　（非認知的能力がはたらいて教科・領域特有の資質・能力が高まりやすい場面）

子どもたちは，問題解決に向け，自分の方法で追究（活動）を深めていく。そのなかで，自分の方法にこだわりすぎて安易に満足したり，まわりの子どもの考えをそのまま取り入れて自分の考えとして結論づけたりするなど，追究に停滞が見られるときがある。このとき，子どもの追究を停滞させている要因に着目して，非認知的能力の視点で子どもをとらえることで，必要な教師支援が見えてくる。

たとえば，自分の追究に安易に満足している状態の子どもがいるとする。この場合，自信をもちすぎて，粘り強さと共感性がはたらきづらいことが予想される。これらの非認知的能力が新たな追究に向かうことを妨げ

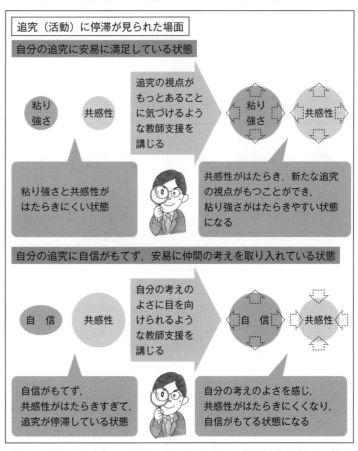

非認知的能力がはたらいて教科・領域特有の資質・能力が高まりやすい場面

ていることが要因であると考えられる。そこで，追究の視点が別にあることに気づけるような教師支援を講じる。そうすることで，子どもは，自分の考えを見直すために，仲間の考えのよさに目を向けようと共感性がはたらきやすい状態になる。そして，共感性をはたらかせながら，新たな追究の視点をもつことができ，自分の追究方法を見直し，勢いよくひとり調べに向かっていく。

また，自分の追究に自信がもてず，安易に仲間の考えを取り入れて，追究が停滞している状態の子どもがいるとする。この場合，共感性がはたらきすぎているため仲間の考えのよさに意識しやすくなっており，追究が停滞していることが要因であると考えられる。そこで，自分の追究に自信がもてるように，自分の考えのよさに目を向けられるような教師支援を講じることで，子どもは，自分の考えのよさを感じ，自信をもってひとり調べに向かっていく。

このように，追究（活動）が停滞している要因を非認知的能力の視点から探り，教師支援を講じることで，子どもたちは，再び勢いよくひとり調べに向かっていけるのである。

（イ）自分の追究（活動）に価値を見いだした場面（非認知的能力の高まりを実感しやすい場面）

非認知的能力の高まりを実感しやすい場面

子どもたちが，追究していくなかで，教科・領域特有の資質・能力の高まりを実感して，自分の追究に価値を見いだす場面がある。問題解決学習の過程では，核心に迫るかかわり合いの前後に多く見られる。このとき，子どもたちは，成長したことをもとに追究を振り返ることで，成長した理由や過程，場面が明確になり，非認知的能力の高まりを実感して教科・領域特有の資質・能力の高まりに対して非認知的能力がはたらいていたと，自己の成長を自覚することができる。

たとえば，教科・領域特有の資質・能力の高まりを実感している子どもがいるとする。この場合，子どもが成長した理由や過程を振り返るための教師支援を講じる。そうすることで，子どもは，うまくいかなかったときも粘り強く追究し続けたことで，成長することができたと，「やり抜く力」の高まりを実感する姿を

見せる。

　また，成長した場面を振り返る教師支援を講じる。そうすることで，子どもは，仲間の考えのよさを見つけるといった共感性をはたらかせて，新たな追究の視点をもつことができたと，「人とかかわる力」の高まりを実感し，自己の成長を自覚する姿を見せる。

　このように，子どもたちが自分の追究を振り返り，成長した理由や過程，場面を明確にできるような教師支援を講じていくことで，子どもたちは，教科・領域特有の資質・能力の高まりとともに，非認知的能力の高まりを実感し，自己の成長を自覚できるようになるのである。

　わたしたちは，単元を構想するとき，子どもの追究が停滞する場面や，子どもが自分の追究に価値を見いだす場面を見通そうとしている。そして，非認知的能力の視点で子どもをとらえ，子どもの状態に応じて，教師支援を講じていくのである。

3　「非認知的能力」に着目した教師支援

　わたしたちは，教科・領域特有の資質・能力を高めるために，非認知的能力の視点で子どもをとらえ，非認知的能力がはたらくように，適切なタイミングで教師支援を講じてきた。そのなかで，非認知的能力の視点でとらえた子どもの状態によって，目的に合った教師支援を常に考えて講じてきたのである。ここでは，教師が非認知的能力の視点でとらえた子どもの状態と，そのタイミングで講じる教師支援の例をいくつか紹介する。

（ア）追究（活動）に停滞が見られた場面

安易に自分の追究に満足した子ども

【新たな追究の視点に気づけるようにするために】

> 例　**対話**で，「いつでもできそうなのかな」「みんなは納得しそうかな」といった，自分の考えの甘さを指摘するようなことばを投げかけることで，もう一度自分の追究を見つめ直すことができるようにする。

> 例　自分が考えていることを**実演**し，**録画した演奏や動き**などを見る場を設定することで，自分の追究を見つめ直すことができるようにする。

> 例　自分の考えや仲間の考えを**冊子にまとめたもの**を配付し，自分と仲間の考えを比較できるようにする。その後，気になる仲間の考えと理由を**学習記録**にまとめられるようにする。そして，子どもの追究にとって必要な投げかけを**朱記**することで，新たな追究の視点をもてるようにする。

> 例　**対話**によって，自分の考えの甘さを感じたところで，**かかわり合いを設定**し，**意図的指名**をする。子どもが，自分とは違う視点の考えと自分の考えを比較し，新たな追究の視点に気づけるようにする。

【自分の考えのよさを認識し，自信をもてるようにするために】

例 学習記録や対話で，考えた理由などを言語化できるようにする。そのうえで，その子どもの考えのよさを朱記や対話で認める。

例 複数の方法を実際に試させたうえで，試してみてよかったことを伝え合う場を設定することで，仲間からの称賛によって，自分の方法のよさを再確認できるようにする。

仲間の考えに興味を示した子ども

【自分や仲間の考えのよさを実感できるようにするために】

例 一人一人の考えを記した座席表を配付し，考えを聞きたい相手を明確にしたうえで，意見交流をする場を設定することで，十分に考えを語り合い，仲間の考えのよさを実感できるようにする。

例 仲間が考えた方法を実際に試したうえで，仲間の方法のよさや気づいたことを学習記録にまとめることで，仲間の考えのよさを実感できるようにする。

（イ）自分の追究（活動）に価値を見いだした場面

自己の成長を実感した子ども

【自己の成長を自覚できるようにするために】

例 今までの学習記録を振り返り，自分が一番成長したと思う場面に付箋を貼ったうえで，振り返り作文を書く場を設定する。子どもが，振り返り作文をもとに，成長したきっかけまで意識することで，自己の成長を自覚できるようにする。

例 自分が成長した場面が明確になったところで，学びを振り返るかかわり合いを行い，仲間と成長したきっかけを伝え合う。そのなかで，教師が子どもに，「自分にも似た経験はあるかな」と投げかけ，再度，追究を振り返る場を設定する。そうすることで，自分が意識していなかった自己の成長まで自覚できるようにする。

教師支援の具体については，第Ⅲ章の実践編で，子どもの姿とともに述べることにする。

　わたしたちは，発達段階や目の前の子どもの状態によって，適切な教師支援を講じ，子どもが資質・能力を高められるようにしてきたのである。

　こうして，非認知的能力に着目した教師支援を講じることで，子どもたちは，教科・領域特有の資質・能力と非認知的能力を高め，自己の成長を自覚していくのである。

第Ⅱ章
子どもが自己の成長を自覚する授業の構想と展開

　実際に，わたしたちは，どのように子どもをとらえ，単元を構想し，実践していったのか。ここでは，5年算数科単元『徒歩何分を　歩いて測って導くよ　子ども版くるわ地区マップ—平均—』を例に，その具体を述べていきたい。

第1節　目の前の子どもの姿をもとに，単元を構想する

　わたしたちは，目の前の子どもが，どのような見方や考え方，感じ方で生活をしているのかを的確にとらえ，願いをかけ，教材を模索・選定し，単元を構想していく。

1　優子をとらえ，願いをかける

　わたしたちは，学校での様子，生活日記，学習記録，教師メモなどをもとに子どもをとらえ，願いをかける。

　5年3学級の多くの子どもたちは，夢や目標を意識して努力を重ねているが，その分習い事が増え，自分の生活にゆとりがなくなっている。優子も家業を継ぐという自分の夢を叶えるために，休み時間を使いながら習い事の宿題に取り組んでいる。仲間が遊んでいるなかでも，夢に向かって努力することができる粘り強さがある。一方で，まわりを気にせず，宿題に取り組む様子を見ていると，仲間やまわりの人は優子にとってどのような存在なのかが気になり，他者とのかかわり方をとらえ直してみた。

> 　今日は，妹となわとびをしました。－〈略〉－　なんと……97回になりました！姉としてとてもうれしかったです。(まわしたのはわたしです)　　　　　　　　　　　　　　　　　（3月27日　優子の生活日記）
>
> 　今日は，各クラスに商品をとどけました。みんなで，かくにんしたので，ミスはないと思います。みんなに思いが伝わるといいです。第1だんのリベンジです。　　　　　　　　　　（3月2日　優子の生活日記）

　優子の生活日記には妹の名前が出てくることが多く，妹を大切にしている気持ちが伝わってくる。妹となわとびをしたときの生活日記には，妹が最高記録を出せた喜びがつづられていた。「姉として」「まわしたのはわたしです」からは，妹の力になれることを誇らしく思う気持ちが伝わってくる。また，優子は，4年生のくすのき学習において，附属小を好きな気持ちを拡げるために，オリジナルグッズ制作と全校児童への販売を経験している。第1回の販売では，計画の甘さから，多くの人に商品が行き届かなかったため，仲間と計画を見直し，商品が行き届くように考えた。自分のがんばりだけでなく，「みんなで」活動してきたことを「リベンジ」と表したところに，仲間との活動に価値を感じ始めている優子の姿がうかがえる。これらの姿

から，まわりの人の力になれたり，仲間とともに活動したりする場面で，人とのかかわりを大切にする優子の傾向が見えてきた。

優子の算数科における見方や考え方，感じ方はどうだろうか。

－〈略〉－　妹がほしいというスクラッチアートを買いました。－〈略〉－　スクラッチアートをまともにやるのは，わたしも初めてなので<u>簡単そうなのから</u>やりました。完成まではできませんでしたが，上手にできてうれしかったです。

（8月23日　優子の生活日記）

一人一人の必要なジェルが違うから，学年全員分の正確なジェルの量は求めることができない。たとえば，<u>1人10cm³</u>の誤差があったら，<u>103人分だと</u>，1030cm³になるからです。　　　　（6月16日　優子の学習記録）

1mLと1cm³はやっぱり同じ。今回は，<u>ちゃんと</u>1cm³の立方体ではかったところ，同じでした。

（6月23日　優子の学習記録）

日々の優子の言動から，見聞きしたことを大切にしながら生活しているのではないかと思うことが多い。初めてのことに対しては，見通しがもてる「簡単そうなのから」順に行い，ものごとを確実に処理していこうとする慎重な優子の姿がうかがえる。体積の学習では，林間学校で灯すジェルキャンドルを作るために，必要なジェルの量について追究した。優子はジェルの体積の調べ方や表し方が一人一人違うことから，学年全員が必要なジェルの量を求めることはできないと一貫して主張していた。その理由を「1人10cm³」「103人分だと」と単位や関数の考えをはたらかせて述べていた。一方，1mLと1cm³は等しくないと主張していた優子だったが，1cm³の立方体を水に沈めて，1mL分水面が上がったことを「ちゃんと」確かめたことで，等しくなると結論づけた。ここから，ものごとを慎重に進めたり，確かめて根拠をはっきりさせたりしながら，自分が納得してものごとを進めていくという優子らしさが見えてきた。

【非認知的能力の視点からの優子のとらえ】

やり抜く力

・目標の達成に向けて，周囲の状況に左右されずに粘り強く取り組むことができる。

人とかかわる力

・自分が正しいと感じたことは，一貫して自分の考えを主張できる強さがある。そのような状態のときは，共感性がはたらきにくくなる。まわりの人の力になりたいと思う場面では，まわりの人や仲間を意識したり，協力したりすることができる。

【教科・領域特有の資質・能力の視点からの優子のとらえ】

・単位や関数の考えをはたらかせて，問題を解決しようとすることができる。

・慎重にものごとを進めたり，実際に確かめたりしたことを根拠にして追究をする傾向から，効率のよさより，確実さや正確さを重視する。

こうしたとらえから，優子には，次のような願いをかけた。

【優子への願い】

　優子には，まわりの人のためという目的に向かって仲間とともに活動する経験を重ねてほしい。そのなかで，自分の考えを主張する強さを発揮しながらも，必要に応じて仲間の方法のよさを受け入れられるようになってほしい。さらに，確かめたことを根拠にして自分の考えをはっきりさせるだけでなく，目的に応じた最適な方法を導きだせるようになってほしい。

2　教材を模索・選定する

　わたしたちは，学級の子どもたちをとらえたうえで，願いをかけ，教材を模索し，選定していく。

　一緒に遊んだり，活動したりする経験が少なくなっている5年3学級の子どもたちには，仲間とともに追究するなかで目的に応じた最適な方法を導く経験をしてほしいと考えた。この願いを具現するために，「仲間と協力して地域や学校のために活動できるもの」「様々な方法で考えられるもの」「目的に応じて効率性や正確さの視点から最適な方法を導くことができるもの」「最適な方法を導くなかで，様々な考えを確かめる必要があるもの」という視点で教材を模索したとき，「子ども版くるわ地区マップづくり」が，教材として浮かんできた。

「子ども版くるわ地区マップづくり（5年　算数・平均）」
【教材について】

　附属小南の「くるわ地区」の子ども向けマップを作成し，配布するために，平均を使って各地点間の道のりを歩くのにかかる所要時間を求めていく教材。子ども向けの所要時間を求めるために，自分たちでくるわ地区を歩いて測定したデータを用いる必要が出てくる。その際，歩く条件や個人によって所要時間にばらつきが生まれる。このデータをもとに，子どもたちが，子ども向けマップとして，妥当な所要時間を求めていくなかで，平均の有用性に気づくことができる。

【問題意識につながる教材性】

・人によって歩く速さが違うという気づきや，正確な時間をマップに載せるために，子どもの歩く速さの平均を求める必要があるという気づきから，子どもたちが，歩く速さの平均を求めて，目的地までの正確な所要時間をはっきりさせたいという問題意識をもつことができる。

【追究の壁（追究を進めるとぶつかる「困り事」や「意識のずれ」）】

・実際にくるわ地区を歩いて測定する方法と，校内を歩いて調べたデータの平均を用いる方法を比べ，正確さや効率のよさという視点から最適な方法を導く必要がある。

・何度も歩いて測定するなかで，そのときの状況によって歩く速さや所要時間にばらつきが生まれるため，調べる道のりや，調べた回数，歩き方などの条件をそろえる必要がある。

・子どもの歩く速さの平均を求めるために，極端に速いデータや遅いデータを用いてよいのかと考える必要がある。

【この教材ではたらきやすい非認知的能力】

・地域に広く配布するマップを作成するため，子ども向けの所要時間やその算出方法について，自分の考えを貫き通すのではなく，仲間の考えと比べる必要がある。そのときに，自分の方法は最適なのかと考えるなかで，共感性や自己調整力がはたらきやすくなる。

【この教材で高められる算数科における教科・領域特有の資質・能力】

・一定の道のりを歩く時間や一定時間で歩く道のりを測定するなかで，誤差の問題を解決するために同じ数量にならして妥当な数値を得ることができるという平均の有用性に気づくことができる。

・子ども向けの所要時間として妥当であるという根拠を，大人のデータと比べたり，算出した所要時間や実際に歩いて求めた所要時間と比べたりして導きだすことができる。また，目的に応じて，正確さや効率のよさという視点から最適な方法を導きだすことができる。

3　単元を構想する

　教師は，子どものとらえや願いと教材性をもとに，単元における子どもの意識の流れを見通したものが単元構想図である。そして，教師の見通しと目の前の子どもの意識や動きにずれが生じた場合には，単元構想図を随時修正し，構想し直していく。わたしたちは，子どもがあって教材があるという考えに立ち，目の前の子どもから授業づくりをしていくのである。

第一次単元構想図（3／12時間完了）

〇ひとり調べの時数　　◎かかわり合いの時数　　[　　　　]問い　　◆ほりおこし　　◇事前学習

【単元前の子どもの姿】
- ・実際に確かめたりしたことを根拠にする傾向から，効率のよさより確実さや正確さを重視する子ども。
- ・目標の達成に向けて，周囲の状況に左右されず，粘り強く取り組むことができる子ども。

> 各教科・領域特有の資質・能力と非認知的能力のとらえの視点をもとに単元前の子どもの姿を述べる

> ①支援のタイミング（太字）
> ②支援の目的
> ③教師支援（網掛け）　③

[教師支援]
林間学校の郡上散策を振り返るなかで，マップに掲載されている所要時間は，大人が歩く速さに設定されていることや，所要時間が正確でないと予定通りに散策できないという意識をほりおこした。

◇　単位量あたりの大きさの意味や表し方について学習した。

教材との出会わせ 　マップに載せる所要時間を調べるよ
- ・インターネットで調べるよ（直樹）　　・歩いてみるよ
- ・インターネットの時間と歩いた時間が違ったよ（優子）

問いを生むかかわり合い　思いや願いを確かめ合うかかわり合い　①（本時）

歩く速さが違う	平均を求める
・人によって違う	・何回も実際の道を歩く
・個人差が大きい	・学級全員の平均を求める

・たくさんのデータを集めて平均を求めるとよさそうだ

[平均を使って子どもが歩く所要時間をはっきりさせたいな]

ひとり調べ 集めるデータについて　　　　求め方について　　③

・校内で100mを歩く時間や1分で歩く道のり	・平均を使って全員の時間÷人数
・くるわ地区を歩いた時間	・真ん中の時間
	・遅すぎる人は除く

・調べる道のりや時間がばらばらでわかりづらいよ　※1

> 問い（教科学習）思いや願い（くすのき学習）一人一人の問題意識をすべて含んだもの

※1　所要時間を計測するなかで，自分の調べたデータだけを信じて結論づけるなど，自分の追究に安易に満足しているところで，仲間の考えに目を向けられるように，全員分の考えを冊子にして配付し，見比べる場を設定する。(p.22)

追究を見直すかかわり合い　活動を見直すかかわり合い①　①

〈条件をどのようにそろえるとよいかな〉

正確さから	効率のよさから　※2
・くるわ地区の道のりを同じ回数歩く	・校内で同じ道のりを5回歩く
・極端なデータを省く	・100mあたりの時間の平均を
・大人の所要時間と比べる	・750mの道のりを分速78mで
	750÷78＝645（秒）10分

[歩き方や歩く回数をそろえ，データの省き方を考えて求めるよ]

> かかわり合いを終えた段階の次のひとり調べにつながる活動や意識

※2　仲間の考えに目を向け始めたところで，自分とは違う正確さや効率のよさという視点で考えられるように，追究を見直すかかわり合いを設定し，違う視点から考えている子どもを意図的指名する。(p.23)

ひとり調べ 記録全体を見て　　　　様々な平均と比べて　②

・大人の平均より速いデータは省いて計算するよ	・校内とくるわ地区の　※3データがほぼ同じになった

・分速64mを5の3の速さとして所要時間を求めるよ　※4

※3　共感性をはたらかせながら仲間の方法を試す必要を感じたところで，仲間の考えのよさを実感できるように，仲間の方法を試す場を設定する。(p.25)

核心に迫るかかわり合い　活動を見直すかかわり合い②　①

〈所要時間を求めるために大切なことは〉

データの正しさを考えて	数値の意味を考えて
・正確な値を求めるために，なるべく多くのデータを集め，集める条件をそろえる	・大人の所要時間と比べる
	・目的を考えて使用するデータの範囲を決めて求める

[条件をそろえ，目的を考えて平均を求めることが大切]

※4　最適な方法がはっきりしたところで，自分の方法に対する自信を高められるように，自分の方法で求めた所要時間が妥当であるか，実際にくるわ地区を歩いて確かめる場を設定する。(p.27)

学びを振り返るかかわり合い　活動を振り返るかかわり合い　単元の核心に迫る意識　※5　①

自分の成長	算数科の学び
・仲間の考えを試してみて必要に応じて取り入れることができたよ	・平均を使えば子どもの所要時間を簡単に求められた
	・平均は便利だな

※5　所要時間をはっきりさせたところで，自己の成長を自覚できるようにするために，学びを振り返るかかわり合いを設定する。(p.28)

> 各教科・領域特有の資質・能力と非認知的能力のとらえの視点をもとに単元後の子どもの姿を述べる

【単元後の子どもの姿】
- ・子どもが歩く時間を求めるために，筋道を立てて考える力を生かしながら，追究していくなかで，必要なデータや条件をそろえる必要性に気づき，平均の意味や有用性を考えることができる子ども。
- ・仲間の調べ方や求め方を試すなかで，仲間の考えを理解し，仲間の調べ方や表し方のよさを認めたり，取り入れたりするなどの，共感性をはたらかせることができる子ども。

第2節　子どもが自己の成長を自覚する授業の展開

　ここでは，優子の内面を探りながら非認知的能力に着目した教師支援を講じることで，優子が，教科・領域特有の資質・能力を高め，自己の成長を自覚する姿を中心に述べる。

1　歩く速さの個人差を解決して，子ども向けの所要時間をはっきりさせたいと考える優子　　　　　　　　　　　　　　　　　　　　　　　　　　　　　　　【問いを生む場面】

　附属小の先輩が行った地域のための取り組みを知り，岡崎市の力になりたいという気持ちが高まった子どもたちに，市役所観光課の方から岡崎市の観光について話を聞く場を設定した。すると，子どもたちは，子ども向けの観光の情報源がない現状を知り，学校区の「くるわ地区」を散策して魅力を探し始めた。そして，くるわ地区の魅力を知った子どもたちは「子ども向けのくるわ地区マップを作成し，くるわ地区の魅力を伝えたい」と考えた。散策して調べた情報をマップに加えていくなかで，各地点間の道のりを歩くのにかかる所要時間を掲載するとよいと考え始めた。自分が歩いた所要時間をそのままマップに掲載しようとする子どもたちの姿が見られたため，子どもたちが数理的な気づきをもてるように，一人一人が調べた所要時間を教師が一覧表にした。すると，子どもたちは，それぞれの数値を比較することで，歩く速さに個人差があることに気づき，代表値を決める必要性を感じた。子どもたちが今後何をすればよいか気づき始めた姿をとらえた。教師は，問いを生むかかわり合いを設定した。かかわり合いでは，歩く速さが人によって違うという気づきと，自分たちで歩いて得たデータをもとに平均を使って子どもの所要時間を求めたほうがよいという気づきをかかわらせていった。かかわり合い後，子どもたちに，「平均を使って子どもが歩く所要時間をはっきりさせたい」という問いが生まれ，追究に向かった。

2　仲間の方法に目を向けて，より正確な所要時間を追究する優子　　　　　　　　　　　　　　　　　　　　　　　　　　　　　　　　【追究を見直す場面】

子どもの追究の様子と教師支援	非認知的能力のとらえと教師支援

👁…非認知的能力の視点でとらえた子どもの姿　　🅢…非認知的能力に着目した教師支援

　優子は，歩く速さの個人差を解決して子ども向けの所要時間をはっきりさせたいと考え，籠田公園から岡崎城までの所要時間を調べ始めた。籠田公園から岡崎城まで自分が歩いた2回のデータを比べた優子は，信号待ちの時間を入れたデータと入れないデータに大きな差はないと考え，**学級全員分の信号待ちの時間を入れないデータの平均を求めればよいと結論づけた**👁。そこで，教師は，優子が気づいていない仲間の様々な方法にも目を向けたうえで，正確な所要時間を求められるようになってほしいと考え，学級一人一人の考えを掲載した冊子を配付して自分と仲間の考えを見比べられるようにした🅢。そのなかで，

　優子は，自分の調べたデータだけを信じて結論づけてしまっている。このままだと，自分の方法を貫いてしまい，全体のデータから平均を求めるなど，他の方法や視点について考えられない。そこで，仲間の様々な方法に目を向ける，人とかかわる力に対する支援が必要であると考えた。

全員の考えを冊子に掲載して配付
（p.21※1）

校内で調べたデータを用いて計算で平均を求める方法を主張する知美に対して，優子は，「知美さんのやり方はやっぱりだめだと思う」と反論した。優子は，知美にその理由をたずねられると，「籠田公園から岡崎城まで一定の速さで歩くことは実際にはできない。**知美さんの方法だと正確な所要時間を求められない**」と強く主張した👁。優子は，正確さに重きを置いて考えているため，効率のよさを考えた知美の方法に納得できなかったのである。そこで，教師は，仲間の様々な考えを聞くなかで，正確さに加え，効率のよさも大切であるという新たな視点に目を向ければ，追究に勢いをつけられるのではないかと考えた。まずは，対話🗣をすることで，優子が使った実際に歩いたデータのなかでも，ふだんの歩く速さで測定していない仲間のデータに目を向け，自分の追究の甘さを感じられるようにした。

仲間の考えに目を向ける教師支援を講じたが，正確さに重きを置き，自分の方法を貫く姿から，自分の考えや方法への自信は強いままである。このままでは，効率のよさという視点に目を向けられずに追究が停滞してしまう。そこで，ふだんの歩く速さで測定していない仲間のデータに目を向ける支援が必要であると考えた。

追究の甘さを指摘するための対話

T	校内だとロボットみたいになっちゃうとか優子さんは言っていたけど，籠田公園から岡崎城まで歩くときは，みんなどんな感じだったのかな？
優子	うーん。どうなんだろうね。6分，7分，9分，11分，14分……。けど，どうだろう。かたまってるのかな？誰かについて行ったり，わたしはいつも通り。
T	自分の歩きだけ比べたの？
優子	いや，あ，けど，平均も。平均と自分のやつ。<u>あやしい</u>というか，かたまらなければいけると思う。一人ずつは無理かもしれないけど，なるべく，タイムが同じ人たちではなく，ばらばらの人たちでしっかりストップウォッチで計ればよい。
	（11月14日　優子との対話記録）

優子は，「あやしい」と**求めた平均の値が正確なのか自分の考えがゆらぎ始めた**👁。このタイミングなら，自分とは異なる仲間の考えを聞くなかで，算出した数値の意味を考えたり，効率のよさの視点も取り入れたりするなど，異なる視点に目を向けることで，再び追究に勢いがつくのではないかと感じた教師は，追究を見直すかかわり合いを設定した🗣。かかわり合いでは，効率のよさに目を向けている知美や直樹を指名した🗣。

優子は，「あやしい」と自分の方法に対する考えがゆらぎ始めた。このタイミングなら，再度仲間の方法や考えにふれる支援が有効にはたらき，異なる仲間の方法や考えのよさに目を向けるのではないかと考えた。

追究を見直すかかわり合いの設定と意図的指名　　　（p.21※2）

知美	57	－〈略〉－ 必ず同じ速度で歩くとは限らないから，だから，速さでやっても，何回も同じやつをやるよりは速さでやったほうがよいのではないかと思います。

直樹　58　－〈略〉－　<u>平均を出すためには，何回も歩く必要があ</u>
　　　　　<u>る</u>ってことだから，前もみんな言っていたのだけど，何
　　　　　回も歩きたくないとか，みんな言ってたのに，平均を出
　　　　　すって言っている子は全部歩くってことだから，ぼくは，
　　　　　知美さんとちょって似ていて，道のりを100で割って7.5
　　　　　になって，それで7.5で100mを歩く時間の平均86秒をか
　　　　　けて，約10分になる。
　　　　－〈略〉－
優子　80　ちょっと知美さんと違って，－〈略〉－　<u>100m歩くだけ</u>
　　　　　<u>で平均を出してもよいと思うんだけど</u>，750mと100mっ
　　　　　て結構違うからその間に歩いているときに疲れてスピー
　　　　　ドが遅くなったりする。－〈略〉－　100mあたりの時間
　　　　　でやっちゃうとなんかロボットみたいにずっと同じなん
　　　　　だけど，実際に歩くと疲れたときとか，まだ疲れてない
　　　　　ときとか，そういう差が結構あると思うから，そこら辺
　　　　　を実際に歩いてやったほうが<u>正確なんじゃないかな</u>って
　　　　　思います。
　　　　　　　　（11月17日　追究を見直すかかわり合い　授業記録）

- -

　　<u>わたしは今までの考えがくずれました</u>。今までは実さいに歩いて
やったほうが個人差があり，よいと思いましたが，まったく別の考
えになりました。それは，「個人差」です。わたしたちは今，<u>5の3</u>
<u>だけでしか</u>平均にのっていません。－〈略〉－
　　　　　　　　　　　　　　　　　　（11月18日　優子の学習記録）

　知美57「必ず同じ速度で歩くとは限らない」や直樹58「平均
を出すためには，何回も歩く必要がある」と，実際の道のりを
測定する方法の足りなさを伝えた。優子80「100m歩くだけで
平均を出してもよいと思うんだけど」と二人の考えに歩み寄る
姿勢を見せるものの，優子80「正確なんじゃないかな」と自分
の考えを，優子は主張し続けたのである👁。

　そんな優子が，かかわり合い後の学習記録では，「今までの
考えがくずれました」と振り返った。「5の3だけでしか」と，
集めたデータの少なさから，**自分の考えを改めたのである**👁。
優子がこれまでの考えを改めた理由を語ることで，自己の成長
を実感できると考え，対話を行った🔄。

T	なんで籠田のデータから校内のデータに変えていったの？
優子	やっぱり，個人差，もともと個人差を大事にしていたけ
	ど，<u>5の3</u>だけの話であって，しかも，運動が得意な子
	は，たぶん，速く行けるだろうけど，なんか疲れない
	で<u>一定の速度で行ける</u>のだろうけど，運動が苦手な人た

ちょっと知美さんと違って

校内のデータを用いる知美の考
えに理解を示すが，ずっと同じ
速さで歩くことは現実的ではな
いと，この時点では，自分の考
えを貫いている。しかし，直樹
らの効率のよさを考えた方法に
対して目を向け始めた。

※白枠：自覚につながる
非認知的能力のとらえ
と教師支援

優子は，自分の考えへの自信が
ゆらいだため，共感性をはたら
かせて，知美や直樹の考えに改
めた。この場面を詳しく語らせ
ることで，学びを振り返ったと
きに成長した場面として自覚で
きるのではないかと考えた。

成長を実感するため
の対話

	ちは，すぐに疲れて，ちょっとゆっくりめに行くと思うから，だから，そこで個人差が出ちゃうから，やっぱりこっちのほうであてはめたほうがよいかな。
Ｔ	何がよいの？校内のデータの？
優子	実際やれると思うけど，いや，なんか，一番はめんどくさい人が多いから，わたしは別に歩くのは運動になるし，ふだん歩かないからよいかなって思ってるんだけど，めんどくさいと思ってるし，長続きしないから，だから，<u>やりやすさを考えた</u>。あと，太一君が１分差はだめだと言っていたけど，わたしは別によいと思う。理由は，さすがに３分とかはだめだけど，１分ぐらいなら，そんなに正確に求めたいのなら，全世界の全国民の平均を取らなくちゃできないから。
Ｔ	データをもっと増やさないと正確な平均にならないということなんだね。
優子	だから，１分とか数秒ぐらいのほんの少しの差ならよいと思う。 　　　　（11月18日　優子との対話記録）

「一定の速度」と個人差の問題が解消できずにいることや，「やりやすさを考えた」と，自分の方法には何度も足を運んで測定する苦労があると，**知美や直樹の方法のよさを認めた**👁。また，「５の３だけ」と集めるデータの信頼性や求めた数値の意味を考え始めた。このタイミングなら，効率のよさに着目した知美らの方法のよさを実感できると考えた教師は，実際にマップを見る子どもの歩く速さを意識し，学級全体の１分あたりに歩く道のりの平均や100mあたりにかかる時間の平均を求める知美や直樹の方法を試す場を設定した📷。優子は，知美らの方法を試し，再度，校内のデータを使った平均を求めた。

知美の方法
①校内で，１分間あたりに進む道のりを５回歩いて調べる
②一人一人の平均を求める
③学級全員の平均を求める
④道のり÷学級全員の平均

直樹の方法
①校内で，100mあたりにかかる時間を５回歩いて調べる
②一人一人の平均を求める
③学級全員の平均を求める
④学級全員の平均×道のり

知美と直樹の方法

正確な所要時間を求めるために，今の自分の方法は，目的に合った最適な方法ではないと気づいたことで，共感性や自己調整力をはたらかせて自分の考えを見直している。このタイミングで，今まで全員がやったことがない知美らの方法のよさを実際に試す場を設定すれば，効率のよさに着目した知美らの方法のよさを実感できると考えた。

仲間の方法を試す場の設定　（p.21※３）

信頼できるデータを集めるよ

　わたしは実さいに平均を出して思ったことがあります。それは，やっぱり大人と子どもだとちがうんだなということです。平均が94秒でオンライン地図サービスだと80秒なので，<u>14秒も</u>差があります。14秒もあったら３mとか進めるんじゃないですか？わたしはけっこう進むと思います。なので，オンライン地図サービスだけではなく，作ったほうがよいと思いました。（けど，オンライン地図サービスのやつで出すより，

　100mあたりにかかる時間の平均が94秒であったことから，オンライン地図サービスに載っている所要時間80秒と比べて，「14秒も」遅くなり，子どもが歩く所要時間として妥当であると考えた。また，「省いたほうがよい」と，速すぎたり，遅すぎたりするデータを省いて平均を求めたほうがよいと考えた。つまり，優子は，単に平均を求めるのではなく，子ども向けのマップに載せる数値として妥当かどうかという目的を意識して考えていたのだ。

　学級の子どもたちもデータを省く必要性を感じていたので，再度追究を見直すかかわり合いを設定した。1分あたりに歩く道のり（速さ）の平均が74mという結果は子どもにとっては速すぎるのではないかと話題になった。そのなかで，速さの差だけではなく道のりの差に置き換えることで，5年3学級全体のデータから求めた速さと大人の歩く速さの違いを実感しやすくなると教師は考えた。そこで，「一番速い子の分速137mは大人と比べると何m先を歩いているの」と全体に問いかけると，直樹が「50m以上先を歩いているよ」と反応した。続けて，洋平が「オンライン地図サービスの速さの基準の分速75〜80mをもとに，分速90m以上のデータを省いたほうがよい」と語った。洋平の考えをもとに，再度省く範囲を考えて平均を求めると，分速64mという結果になった。これを100mあたりにかかる時間に直すと93.75秒となり，100mあたり94秒とだいたい同じになった。子どもたちは，この値が大人の速さと比べて子どもの速さとして妥当と考え，5年3学級の基準とした。

　振り返りのなかで，優子は「速い人たちとおそい人たちを同じ人数省いたら，だいたい分速70mでした。**一つだけでも省くか，入れるかが大事だと思いました👁**」と，省き方によって数値が大きく変わってしまうことに気づいた。そして，子どもの速さとして妥当であるかと，数値の意味を考えながらデータを処理することができるようになったのだ。

1分あたり歩く距離（m）早い順				
	1回目	2回目	3回目	合計	平均
1	138	132	141	411	137
2	114	117	116	347	116
3	120	92	135	347	116
4	106	101	100	307	102
5	100	104	103	307	102
7	100	92	97	289	96
6	87	85	89	261	87
8	108	50	103	261	87
9	82	84	88	254	85

1分あたり歩く道のりの結果

優子は，洋平らの省き方に目を向けることで，どのような省き方をすれば子どもの歩く速さで正確な所要時間を求めることができるか考えた。外れ値を省く必要性を感じていたからこそ，共感性をはたらかせることができたのだ。そして，数値の意味を考えながら，データを処理することができるようになったタイミングなら，再度，実際に歩いて測定したデータを集め，校内で測定したデータと比較することで，目的に合った最適な方法を導きだせるのではないだろうかと考えた。

3 目的に応じた最適な所要時間を求めて，自己の成長を自覚する優子　【核心に迫る場面から学びを振り返る場面】

　5年3学級の基準の速さがはっきりしたところで，再度，籠田公園から岡崎城までの所要時間を計った。そして，5年3学級の基準の速さをもとに求めた所要時間が妥当なのかを確かめる場を設定した。実際に歩いた平均時間（9分50秒）と校内のデータを用いて求めた所要時間（11分46秒）を比べた優子は，実際にマップを見る子どもの立場からゆとりをもって歩けるため，校内のデータを用いた所要時間が最適であると考えた。その後，5年3学級の基準の速さを100mあたり94秒として，各地点間の所要時間を計算して求めた。優子は，集めたデータが子どもが歩く速さとして妥当であるのか考察し，極端なデータを省きながら，平均を求めることが大切であると考え，**効率よく，正確な方法を導きだしたのだ**👁。

　教科・領域特有の資質・能力の高まりを実感する子どもたちの姿をとらえた教師は，自らの追究に価値を見いだせるように，核心に迫るかかわり合いを設定した。かかわり合いのなかで，互いの追究の高まりをわかち合ったところで，目的を考え，信頼できるデータを使って所要時間を求めた優子が，自らの追究に価値を見いだせるように，優子とは違って低学年の子どものためにもう少し遅い時間を載せるべきではないかと考えている直樹を指名した。

直樹	58	ー〈略〉ー　低学年だともっと差ができちゃうから，そういうところに<u>プラス何分</u>ってつけたしていけばよいと思う。
T	59	直樹君がそう言ってるけどどうかな？
優子	60	いや，直樹君と違って，直樹君はプラス何分とかやればよいと言っていたけれど，それだったら，プラス何分って3分とか4分とかあると思うんだけれど，<u>どんくらいプラスにすればよいのっていうのがわかんないと思う。</u>
		ー〈略〉ー
T	121	<u>このデータは大丈夫なの？</u>
Cn	122	よい。
優子	123	<u>さすがに何回も計っているから大丈夫だと思う。</u>

（12月9日　核心に迫るかかわり合い　授業記録）

実際に歩いて所要時間の妥当性を確かめる場の設定（p.21※4）

籠田公園～岡崎城750m
オンライン地図サービス（大人）
約10分
実際に歩いたデータ
約9分50秒
校内のデータ
1分あたり（省きあり）約64m
750÷64＝約11分46秒
小学生用なら校内のデータがよい

ワークシートに記した優子の考え

　個人差によって結果に誤差が生じてしまうことに思い悩んでいた優子が知美や直樹の方法を試したり，実際に歩いて測定したデータと校内で測定したデータを比較したりした。そして，効率のよさという視点で考えたり，子どもが歩く速さとして信頼性のあるデータを考えて平均で求めたりすることで，誤差が生じにくくなることを実感していた。優子は，仲間の考えをふまえて自分の考えを確かなものにしていったのだ。そのため，互いの追究の高まりをわかち合うことによって，自らの追究に価値を見いだすことができると考えた。

核心に迫るかかわり合いの設定と意図的指名

何回も計っているから大丈夫

直樹58「プラス何分」に対して，優子60「どんくらいプラスにすればよいのっていうのがわかんない」と安易に時間をたすのではなく，低学年の子どものデータを集めたうえで考えないといけないと，優子は反論した。優子は集めたデータをもとに妥当な値を求めるべきだと考えている。そこで，使ったデータの価値に着目できるように，T121「このデータは大丈夫なの」と全体に問いかけた。すると，優子123「さすがに」と信頼できるデータを使って求めた所要時間だから大丈夫だと発言した。目的に合った最適な所要時間を導きだせたと，**自らの追究に価値を見いだしている優子の姿**◉がここにある。

自分の追究に価値を見いだしたところで，自己の成長を自覚できるように，学びを振り返るかかわり合いを設定した◉。

直樹の考えに対して低学年向けに「プラス何分」を加えるならば，改めてデータを集めないと妥当な値を示せないと反論した。その背景には，これまでの追究をとおして，最適な値を導いてきた優子の自負があるのだろう。だからこそ，教師の問いかけに対しても「何回も計っているから大丈夫」と言えたのではないだろうか。やり抜く力としての自信を高めた優子の姿が表れている。

学びを振り返るかかわり合いの設定と成長を自覚するための対話　　（p.21※5）

優子	90	わたしは，直樹君の意見でみんなめんどくさいって言ってたっていうのが，本当にそのとおりだと思って，－〈略〉－　　（12月14日　学びを振り返るかかわり合い　授業記録）
T		みんなめんどくさいって言ってたときのこと詳しく教えて。
優子		みんなの考えをまとめたやつあったじゃないですか。
T		冊子ね。
優子		あそこに，オンライン地図サービスって書いてあった子がいて，その子に質問しに行ったら，めんどくさいからって言ってたのを思い出して，－〈略〉－　めんどくさかったらもうオンライン地図サービスでよいじゃんってなるから，それは多分，だめ，だめじゃないけど，オンライン地図サービスより子ども向けのやつを作ろうとしているから，所要時間も自分たちで考えないとだめじゃんって思って，そこから，100mだったら何回もできるから，しかも近いし，めんどくさいっていうのも消えるかなって思った。　　（12月14日　優子との対話記録）

優子90「そのとおりだと思って」と，仲間にめんどくさいと言われたことがきっかけで，効率のよさを重視するようになったことを，優子は語った。優子が，そのときの様子を詳しく語ることで，自己の成長を自覚できると教師は考え，対話をした◉。「みんなの考えをまとめたやつ」と冊子を見た場面で，めんどくさいと考えている仲間と折り合いをつけるために，「子ども向け」と目的を意識して自分の方法を効率のよさの視点で考察したことがわかった。自分の考えを貫き通すだけではなく，仲間の立場になって，仲間の考えを想像しようと共感性を高めたのだ。そして，「そこから，100mだったら何回もできる」と共感性をはたらかせたことで，教科・領域特有の資質・能力を高めた場面をはっきりさせ，自己の成長を自覚したのである。

このように，子どもをとらえ続け，非認知的能力に着目した教師支援を講じていくことで，教科・領域特有の資質・能力を高め，自己の成長を自覚する子どもを育んでいくのである。

第 III 章
各教科・くすのき学習の実践

各教科・領域で求める子どもの姿

国　語	ことばの力を磨く子ども
社　会	人々の営みの背景に迫り, 　　　よりよい生活や社会を形成していこうとする子ども
算　数	数量や図形などが関連づく問題に直面したとき, 　　　目的に応じた最適な解決方法を導く子ども
理　科	自然の事物・現象のしくみやきまりを明らかにする子ども
音　楽	音や音楽を感じ取りながら, 音楽的諸要素をもとに 　　　表現の仕方を追求し, 音や音楽に親しむ子ども
図画工作	「自分の想い」を具現化するために, 粘り強く追求し, 　　　その子らしい色や形で豊かに表現する子ども
家　庭	実践的・体験的活動をとおして, 対象を深く見つめ, 　　　くらしを工夫し, よりよくしようとする子ども
体　育	仲間とともに運動に取り組み, めざす動きに迫り, 　　　自分の動きを拡げ高める子ども
英　語	目的や場面, 状況等に応じて接し方を考えて英語で表現し, 他者に配慮しながらコミュニケーションを豊かにする子ども
くすのき学習	仲間とのかかわりのなかで, 自己を見つめ, 　　　自ら動き出す子ども

国語科

1　国語科における教科・領域特有の資質・能力

　　国語科では，読んだり，聞いたり，書いたり，話したりするなかで，ことばの力を磨く子どもの姿を求めていく。そこで，わたしたちは，国語科で高めたい教科・領域特有の資質・能力を次のようにおさえた。

○ことばを
　　　様々な視点から考える力

　　ことばの意味や意図を読み取るために，自他の考えの共通点や相違点に目を向けたり，自分の生活経験をもとにしたことばを用いて，比較・換言したりして，ことばが表すものを追究していく力。

○ことばによる表現を
　　　練り直す力

　　伝えたい内容を適切に伝えられるよう，情報の扱い方やことばの選び方などの視点から考えたり，相手の立場や考え方をふまえたりするなど，ことばによる表現を追究していく力。

> それぞれの力を高めることで……

ことばの力を磨く子ども

※ことばの力…………ことばを正確に受け止めたり，適切に使ったりする力。

※ことばの力を磨く…登場人物の心情や筆者の思い，相手の真意などに迫れるようになっていくこと。また，自分の考えや伝えたい内容を，相手の立場や考え方をふまえたことばを用いて，より適切に相手に伝えられるようになっていくこと。

2　琴美をとらえ，願いをかけ，教材を選定する

4年1学級の実態

　物語を読むと，内容を自分なりに解釈して満足する傾向にある。登場人物の気持ちを考える際には，心情を直接表現することばや会話文に着目して読み取ろうとする子どもが多い。

琴美のとらえと願い

【非認知的能力の視点からのとらえ】

　くすのき学習で行った学校の裏山に遊具を作る活動では，こだわってきた自分の計画よりも仲間の計画を優先する姿が見られた。ふだんから学級目標や生活のめあてなどの目標を大切にしているため，目的や目標に向けて，仲間の考えを取り入れることができるのではないか。

【教科・領域特有の資質・能力の視点からのとらえ】

　国語科『走れ』の学習では，自分と主人公を重ね合わせることで，心情を読み取ろうとする姿が見られた。そのため，琴美のもつイメージだけでことばを解釈する傾向が見られる。自分の気持ちや生活経験をもとに，ことばを解釈することができるのではないか。

【琴美への願い】

　目的や目標に向けて，仲間の考えを取り入れることができる琴美だからこそ，ことばの意味についても，既有のイメージにとらわれずに，文脈に合わせて読んだり，仲間の考えを聞いたりするなどして様々な視点から考え，粘り強く追究できるようになってほしい。

「『クマと少年』（－あべ弘士・作・絵－）」の教材としての価値

　クマのキムルンとアイヌの少年をめぐる，いのちの物語。物語の山場では，少年と幼い頃からともに育ったキムルンを，アイヌの人々の最高神として神の国へ送る儀式が描かれている。しかし，少年が葛藤した後にキムルンを実際に神の国へ送ったかどうかの結末は，はっきりと書かれていない。終末では，少年の心情が行動描写のみで語られるため，最後の場面の少年はどのような心情だったのかと考えるだろう。少年の心情に迫るため，キムルンを神の国に送ったのかをはっきりさせようと，ことばに着目しながら文章を繰り返し読むことが期待できる。

【追究の壁】

　結末をはっきりさせるために，手がかりを探すなかで，物語をとおしての少年の成長を表している「たくましい」ということばについて，文脈に合った意味を考える必要が出てくる。

【この教材ではたらきやすい非認知的能力】

　結末をはっきりさせて少年の心情に迫るためには，繰り返し文章を読んで考えを見直したり，仲間の考えを聞いたりする必要があるため，粘り強さや共感性がはたらきやすくなる。

【この教材で高められる国語科における教科・領域特有の資質・能力】

　少年の行動描写から心情を読み取るなかで，文脈に合わせて読んだり，仲間の考えを聞いたりするなど，様々な視点から考える力の高まりが期待できる。

3　単元の流れと教師支援

単元名「何がある？なみだあふれる視線の先に　―『クマと少年』あべ弘士・作・絵―」

(14時間完了)

○ひとり調べの時数　　◎かかわり合いの時数　　　　　　　問い　　◆ほりおこし

『クマと少年』の読み聞かせを聞いたよ

・少年とキムルンはお互いに大好きなんだね　　　　　　　　　④
・少年はキムルンを神の国に送るか迷ったんだと思う
・最後の場面で少年は泣いているけれど，どんな気持ちなのかな

問いを生むかかわり合い　　　　　　　　　　　　　　　　　　①

少年の気持ち	神の国に送ったのか
・キムルンを送りたくない	・結末がどちらかわからない
・「なみだ」の意味は何か	・「なみだ」につながる判断

・少年のなみだは神の国に送ったかどうかで意味が変わるね

少年がキムルンを神の国に送ったかどうかをはっきりさせて，
なみだの意味を知りたいな

神の国に送っていない	神の国に送った　　③
・「きょうだい」みたいな	・キムルンの望みだよ　　※1
キムルンを送れないよ	・「たくましく」なったから
・「さっていった」だけだよ	こそ望みをかなえたい　　※2
	・「たくましい」が手がかりになりそうだ　※3

追究を見直すかかわり合い　　　　　　　　　　　　　　　　①

〈「たくましい」には，どんな意味があるのかな〉

力の強さ	心の強さ
・キムルンを弓で射て神の国に	・悲しみに耐える心のこと
送れるほどの力の強さ	・自分で決心できる心のこと

「たくましい」から神の国に送ったんだね　どんな気持ちになったのかな

悲しみ	伝えたい思い　※4
・「たたずんでいた」はショック	・今まで一緒にいてくれて　③
で動けなかったんだよ	ありがとう
・「だいすき」な弟を送ったから	・「たくましい」姿をキムルンに
なくなってしまった	見てほしい

・少年は必死に悲しみに耐えながら，キムルンを思っているんだね

核心に迫るかかわり合い　　　　　　　　　　　　　　　　　①

〈少年のなみだの意味はなんだろう〉

悲しさ	たくましさ
・ひとりになってしまって	・成長している
かわいそうだよ	・つらくてもやりとげる強さ
・悲しみがあふれ出ているよ	・この先も見ていてほしい

「たくましい」からこそ，悲しみや決意がなみだとなってあふれ出たんだね

学びを振り返るかかわり合い　　　　　　　　　　　　　※5
　　　　　　　　　　　　　　　　　　　　　　　　　　①

仲間からの学び	自分の成長	国語科の学び
・仲間と話し合うと，	・何度も繰り返して	・「たたずんでいた」
同じことばでもい	文章を読み，納得	少年の心情を考え
ろいろな考え方が	するまでじっくり	られたよ
できるね	取り組めたよ	

［教師支援］

◆　「はぁ」に込められた気持ちを予想する遊びをとおして，同じことばでも，感じ方が多様にあるという意識をほりおこす。

※1　心情を表すことばや会話に着目し，自分の考えに安易に満足したところで，再度ことばに着目しながら，本文をじっくりと読み返せるよう，付箋を使って読み返す場を設定する。　　　　　　（p.34）

※2　共感性をはたらかせて，仲間の考えに耳を傾けようとしたところで，自他の考えの共通点や相違点に気づくことができるように，全員の考えを集めた資料を見合う場を設定する。　　　　　　（p.35）

※3　自己調整力をはたらかせながら，仲間の考えを取り入れようとしたところで，仲間の考えを聞き，ことばの意味を様々な視点から考えることができるように，追究を見直すかかわり合いを設定し，意図的指名をする。　　　（p.35）

※4　粘り強く追究して物語の結末についてはっきりさせることができたところで，ことばを既有のイメージだけではなく，文脈に合わせて読み取ることのよさを実感できるよう，自身の考えの変容を対話で整理する。　　　　　（p.36）

※5　少年の心情に迫れたことを実感できたところで，自己の成長を自覚できるようにするために，学びを振り返るかかわり合いを設定する。　　　　　（p.37）

4 粘り強く追究し、「なみだ」の意味から少年の心情に迫った琴美

「少年は自分自身に、これでよかったんだと言い聞かせている」

琴美は、物語の最後の一文である「あふれるなみだをふこうともせず、いつまでもみずうみにたたずんでいた」に目を向け、少年はどのような心情だったのかと疑問を抱いた。「なみだ」の意味がわかれば、少年の心情に迫れるのではないか。それまでは、ことばの意味を自分のイメージで解釈して満足することの多かった琴美。そんな琴美であったが、少年の様子や行動を表すことばに着目して文章を繰り返し読ん

考えを何度も見直したよ

だり、仲間の考えのよさに共感したりして、そのことばを様々な視点から考えた。そして、追究のなかで何度も自分の考えを見直すことで、行動描写に込められた少年の心情にまで迫ることができたのである。琴美のこのような姿が見られるに至った経緯を以下に述べていく。

少年の迷いに気づき、なみだの意味を知りたいと考える琴美

『クマと少年』に出会った子どもたちは、キムルンと少年の関係に着目して場面読みを進め、感想を書いた。

> どんな気持ちで、少年は最後に泣いていたのかな。そう思ったのは、少年が大きくなったキムルンに再会した場面で、大切なキムルンを、やっぱり神の国へ送ったほうがいいかな、送らないほうがいいかなとまよったと思うからです。
> (10月20日　琴美の学習記録)

子どもたちは、少年の迷いに気づいたり、はっきりしない結末に疑問を抱いたりするものの、少年の心情や物語の結末をことばからではなく、既有のイメージだけで考えようとしていた。

そのなかで、琴美は、「どんな気持ちで、少年は最後に泣いていたのかな」と、少年の行動描写で締めくくられている物語の最後の一文に目を向け、少年の心情について疑問をもった。また、泣いた理由として物語の山場に着目し、キムルンを送るかどうかと揺れ動く少年の心情を「まよった」と記した。しかし、その理由については、「大切なキムルン」と、本文にないことばを用いていた。そのような姿から、教師は、問いを生むかかわり合いを設定した。

かかわり合いでは、少年の迷いに関する気づきと、結末がわからないという気づきをかかわらせていった。かかわり合い後、琴美は、少年の心情や様子に着目して読めば、結末がはっきりし、なみだの意味がわかるのではないかと考えた。

「たくましい」ということばから，物語の結末を明らかにする琴美

「少年がキムルンを神の国に送ったかどうかをはっきりさせて，なみだの意味を知りたいな」と問いをもった子どもたち。琴美は，なみだの意味について自分の考えをまとめた。

> わたしは，なみだは悲しみのなみだだと思いました。理由は，兄弟みたいにともに育ってきたキムルンを失ったなみだなのではないかと思ったからです。わたしは，（キムルンを神の国に）送ったと思います。なぜなら，15ページでうつことを決めたのに，ずっとうたないと，ひきのばしにすることは少しおかしいと思うからです。 — 〈略〉 — わたしはまあ「祈り」をこめた矢を放ち，鳥を飛ばして鳥といっしょに神の国にキムルンのたましいがかえっていったんだと思います。 (10月26日　琴美の学習記録)
>
> ※送ったかどうかは，両方の立場で考えがわかれていたけれど，どうなのかな。

琴美は，なみだの意味を「悲しみのなみだ」だと考えた。少年が，幼い頃からキムルンとともに兄弟のように育ってきたという状況に目を向け，そのキムルンを神の国へと「送った」と考えたからである。確かに，少年がキムルンを神の国に送ったかどうかで，なみだの意味は変わってくる。琴美は，「まあ」としながらも，少年の心情にかかわる「祈り」ということばを根拠に，キムルンを神の国に送ったと結論づけた。そこで，様々なことばを根拠にして結末をはっきりさせて「なみだ」の意味について考えを深めることができるよう，本文を繰り返し読むなかで，キムルンを神の国へ送ったかどうかについて，手がかりとなることばを探しながら，そのことばに付箋をつける場を設定した。

> 改めて読んでみて，今までは「ぜったい送った」だったけれど，「送っていない」という理由もたくさん見つかってわからなくなった。13ページで「なつかしい」はキムルンに本当に会いたかったと思うことでもあるから，やっぱり矢を放っただけなのかもしれないし，やっぱり送ってと言われているから送ったほうがいいのかもしれないし…。みんなはどう考えているのかな。 (10月31日　琴美の学習記録)
>
> ※改めて読み返したり，ふせんをはったりしたことで，新しい気づきがあり，「送った」と「送っていない」でまよっているのですね。仲間の考えも気になるのですね。

琴美は，自分の解釈に曖昧さを感じながらも安易に結論づけようとしている。このままひとり調べを続けても，琴美の考えは深まっていかず，安易に仲間の考えを取り入れてしまうだろう。付箋を用いて本文の他のことばにも着目していくことで，自分の考えの甘さに気づき，様々なことばを根拠にして「なみだ」の意味を考えようとすることができるのではないかと考えた。

手がかりとなることばを探しながら付箋をつける場の設定　（p.32※1）

手がかりに付箋をつけるよ

これまで，幼い頃から少年がキムルンと兄弟のように育ってきた状況に目を向けていた琴美は，本文をじっくりと読み返すことで，少年がキムルンと再会したときに感じた「なつかしい」という心情にかかわることばに着目した。そして，少年の心情を「本当に会いたかった」と読み取った。また，送った根拠となることばも，送っていない根拠となることばも数多く見つけた琴美は，「わからなくなった」と困り事を感じた。そして，「みんなはどう考えているのかな」と仲間の考えが気になりだした👁。学級全体でも，仲間の考えが知りたいという声が挙がったため，子どもたちの考えを集めた資料を見合う場を設定した🈯。琴美は，資料内の共感できた仲間の考えに線を引いた。琴美がどのように考えて線を引いたのか気になった教師は，琴美の考えを整理し，はっきりさせるために対話をした。

T	琴美さんは，どうして両方の立場の考えに線を引いたの？
琴美	<u>自分と違う立場でも納得</u>する考えが結構あって，気になりました。
T	何が気になったのかな？
琴美	わたしが付箋をつけなかった「<u>りっぱに</u>」や，「<u>たくましい</u>」を考えの根拠としている人がいて，それが<u>どうしてかな</u>と思いました。 （11月2日　琴美との対話記録）

「自分と違う立場でも納得」と，琴美は自分の考えを見直し，仲間の考えとの違いに気づいている。さらに，「どうしてかな」と「りっぱに」や「たくましい」といった少年の様子にかかわることばが気になりだしている。琴美は，心情にかかわることばだけではなく，少年の様子にかかわることばに着目したのだ👁。学級全体でも，少年がキムルンを送ったかどうかについて，仲間が根拠としたことばや，読み取ったことを知りたいという声が挙がったため，新たな追究の視点を得ることができるように，追究を見直すかかわり合いを設定した🈯。そして，「たくましい」ということばに着目している伸夫と雅子を意図的指名した🈯。

琴美は，仲間の考えが知りたいと，共感性がはたらきやすくなっている。様々なことばを根拠にして結末をはっきりさせようとしているこのタイミングであれば，安易に仲間の考えを取り入れるのではなく，自分と仲間の考えを比較しようとするのではないかと考えた。

子どもたちの考えを集めた資料を見合う場の設定（p.32※2）

考えを見合うよ

少年の心情にかかわることばに目を向けていた琴美が，少年の様子にかかわることばに着目した仲間の考えを詳しく知りたいと考えている。このタイミングで仲間の考えを聞くことで，琴美は新たな追究の視点をもつことができるのではないかと考えた。

追究を見直すかかわり合いの設定と意図的指名　　（p.32※3）

伸夫 75	－〈略〉－ キムルンを送った悲しみからも，「<u>たくましい</u>」から耐えられるんじゃないかなって思ったからです。
雅子 76	－〈略〉－ 「こころやさしい」よりも「たくましい」の<u>ほうを</u>見て，昔の少年より今の少年のほうがすごく強くなったっていう意味が込められているんじゃないかなって思って，それがキムルンを送った一つの理由なんじゃないのかなって思いました。
琴美 77	伸夫君や雅子さんにかかわって，「たくましい」っていうところで，エカシが「こころも」って言っているところで，心っていうのはそのすぐ<u>くじけない</u>。わたしは，挫折をすることなく，くじけないという意味だと思います。だから，悲しみを乗り越えることができるということだから，少年はキムルンを送ったんじゃないかと思います。
	（11月17日　追究を見直すかかわり合い　授業記録）

　伸夫75「たくましいから」，雅子76「たくましいのほうを」と考えが語られた後，琴美が自分の考えを語った。琴美は，「たくましい」を琴美77「くじけない」心の強さだと考えた。そして，「くじけない」心の強さをもった少年だったから，キムルンを神の国に送ったのだと結論づけた。琴美は，「**たくましい**」ということばから，物語の結末を明らかにしたのだ◉。かかわり合いの後，ことばの解釈が変容したことで，物語の結末をはっきりさせられたと琴美が実感できるように，対話を行った⊗。

「たくましい」ということばからキムルンを神の国に送ったことをはっきりさせたタイミングで，ことばの解釈の変容を詳しく語らせることで，文脈に合わせて読み取ることのよさを実感でき，学びを振り返ったときに成長した場面として自覚するのではないかと考えた。

文脈に合わせて読み取ることのよさを実感するための対話
（p.32※4）

Ｔ	琴美さんは「たくましい」を最初はどう考えていたの？
琴美	「強い」に近くて，意味は「力が強い」かな。
Ｔ	なるほど。本のなかでの意味を考えてみたらどうなったの？
琴美	「たくましさ」っていうのは，力とかじゃなくて<u>心が強い</u>。
Ｔ	ほう。力じゃないんだ。
琴美	言い換えるなら，<u>決断力</u>。すごく迷うけど，でも最後これだって<u>自分で決めれる力</u>。キムルンを送った後，最後に少年は泣いていて，悲しいはもちろん悲しいんだけど，後悔とかはしてないんじゃないかな。
	（11月24日　琴美との対話記録）

　対話のなかで，琴美は，「たくましい」ということばについて，「強い」ということばと比較したり，「決断力」と換言したりしながら，自分の解釈を語った。そして，最初の「力が強い」という考えから，既有のイメー

ジだけにとらわれずに「心が強い」「自分で決めれる力」なのだと，文脈に合わせて読み取る姿を見せた。

少年の心情に迫り，自己の成長を自覚する琴美

少年はキムルンを神の国に送ったという結末をはっきりさせた琴美は，核心に迫るかかわり合いで，少年のなみだの意味と，少年の心情について，考えを語った。

> 琴美45　なみだの意味は，最初は，悲しいっていう気持ちで泣いているって思ってたんだけど，でも，少年はたくましくなって，心が特に強くなったってみんなで話し合って，じっくりと考えることでわかった。－〈略〉－　ここまで考えてきて，少年は自分自身に，これでよかったんだと言い聞かせているんじゃないかと思います。
>
> （12月6日　核心に迫るかかわり合い　授業記録）

琴美は，なみだの意味を，琴美45「悲しい」と考えていたが，琴美45「これでよかったんだと言い聞かせている」と見直して，**物語の最後の一文に書かれた行動描写から少年の心情に迫っていった**。この後，単元全体を振り返り，自己の成長を自覚できるように，**学びを振り返るかかわり合いを設定した**。

学びを振り返るかかわり合いの設定（p.32※5）

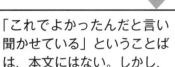

「これでよかったんだと言い聞かせている」ということばは，本文にはない。しかし，琴美は曖昧な想像ではなく，行動描写から少年の心情を深く読み取り，キムルンを送ったという結末と「悲しみを乗り越える心の強さ」，そして「なみだ」ということばをつなげて，この考えに至ったのである。琴美が少年の心情に迫ることができたと実感しているこのタイミングで学びを振り返るかかわり合いを設定すれば，琴美は自己の成長とその理由や過程，場面をはっきりさせ，自己の成長を自覚することができると考えた。

> 琴美55　本を「たくましい」ということばや「なみだ」ということばにこだわってじっくり読んだ考えは，しっかりと伝えたほうがよいし，逆に相手がそういう考えをもっていたら，よく聴いて，そのよいところを自分に取り入れたり，相手が言ったことをふまえて，もう一度じっくり考えることが大事だと思いました。そのおかげで自分の考えをやり直して結末がすっきりしたからです。
>
> （12月13日　学びを振り返るかかわり合い　授業記録）

琴美55「ことばにこだわって」と，琴美は，少年の心情に迫るためにことばを様々な視点から考えたことに価値を感じている。そして，琴美55「そのおかげで」と語り，仲間の考えのよさを取り入れるといった共感性をはたらかせたり，何度も考えを見直すといった粘り強さをはたらかせたりしたと，少年の心情に迫ることができた理由をはっきりさせ，自己の成長を自覚したのである。

このように，琴美は，物語の結末をはっきりさせて少年のなみだの意味から心情に迫るため，共感性をはたらかせ，ことばを様々な視点から考え，粘り強く追究してきた。そして，ことばの力を磨き，自己の成長を自覚するに至ったのである。

社会科

1　社会科における教科・領域特有の資質・能力

　　社会科では，人々の営みの背景に迫り，よりよい生活や社会を形成していこうとする子どもの姿を求めていく。この姿は人々の営みの背景に迫っていくなかで，人々の営みと，自分の生活とのつながりを意識することで表れる。そこで，わたしたちは，社会科で高めたい教科・領域特有の資質・能力を次のようにおさえた。

○事実をつかんでいく力

　見学や聞き取り，資料の収集など，自分なりの方法で追究の対象となる人に繰り返しかかわり，人々の営みの背景について調べ，事実をつかんでいく力。

　※人々の営み……社会的事象。

○人々の営みの背景について多面的・多角的に考察する力

　自分や仲間がつかんだ事実をもとに，人々の営みの背景を歴史的・地理的・公民的側面などから多面的に考察したり，様々な立場や役割などの視点から多角的に考察したりする力。

　※人々の営みの背景……営みの意義や込められた思い。

○人々の営みと自分の生活を結びつけて考える力

　人々の営みの背景に迫るなかで，自分の生活が社会の様々な人の思いや取り組みで築かれていることに気づいたり，人々の営みを取り巻く諸課題について自分事として考えたりするなど，人々の営みと自分の生活を結びつけて考える力。

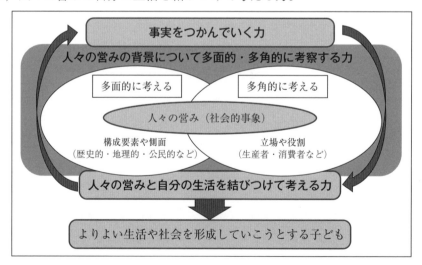

2　美沙をとらえ，願いをかけ，教材を選定する

5年1学級の実態

　粘り強く，納得するまで追究でき，自分の考えをもつことができる子どもが多い。そのため，自分の考えに自信をもちやすく，一つのことにこだわりをもてる傾向にある。

美沙のとらえと願い

【非認知的能力の視点からのとらえ】

　話し合いの際，欠席した仲間の代わりに司会を行ったり，発言しない仲間のネームプレートを，黒板の似た考えのところに貼ったりする姿が見られた。仲間の力になれることが，美沙の行動の原動力となっているのではないか。一方で，自分の行動の意図が相手に伝わらず，悩む姿もあった。相手の立場になって考える必要性に気づき始めたのではないか。

【教科・領域特有の資質・能力の視点からのとらえ】

　地元ラジオ局を扱った学習では，ラジオパーソナリティに着目して繰り返しラジオを聴いた。地元を紹介する内容を考えたり，それをわかりやすく伝えたりする姿から，パーソナリティの温かさや質の高さを感じていた。一つの側面をとことん追究する傾向があるのではないか。

【美沙への願い】

　仲間の気持ちを想像し始めている美沙だからこそ，仲間の考えにふれ，自分の考えと仲間の考えを比べることで，自分の考えを見つめ直したり，仲間の考えを取り入れたりして，人々の営みの背景について，多角的に考察できるようになってほしい。

「額田の森林を守る人々の営み」の教材としての価値

　地元にある額田の森の現状や課題について，「行政」「市民」「林業家」の三つの立場から考える教材である。額田の森を守り，未来につないでいこうとする人々の思いを知り，その営みに価値を感じるだろう。そして，課題を自分事として考え，よりよい生活や社会のために行動していこうする姿へとつながっていく。

額田の森を守る林業家

【追究の壁】

　未来にわたり額田の森を守りきることを実践していくには，自分たちも協力する必要があると考えたり，行政や林業家が行っている取り組みの視点からも考えたりする必要がある。

【この教材ではたらきやすい非認知的能力】

　三つの立場から考えていく必要がある教材のため，それぞれの立場から調べてつかんだ事実や仲間の考えに目を向けやすい。そのため，共感性がはたらきやすい。

【この教材で高められる社会科における教科・領域特有の資質・能力】

　複数の立場の人とかかわることで，自分や仲間がつかんだ事実をもとに，多角的に考察し，額田の森のためにできることについて自分事として考えることができる。

3　単元の流れと教師支援

単元名「手を取り合って　未来に豊かな森林を届けたい　―額田の森を守る人々―」

（22時間完了）

○ひとり調べの時数　　◎かかわり合いの時数　　▭問い　　◆ほりおこし　　◇事前学習

<table>
<tr><td colspan="2">

額田の森について話を聞いたよ

・額田の森の大切さがわかったよ　　　　　　　　　　④
・今の額田の森は木が多すぎてよくないんだね

問いを生むかかわり合い　　　　　　　　　　　　①

額田の森って大切だね	額田の森が心配だね
・土砂災害を防ぐよ	・林業を営む人の収入が低いよ
・市民の知名度が大切だよ	・守りきれていないよ

・大切な額田の森が今は守りきれていないんだね

額田の森はどうして守りきれていないのかな

山本さん（林業家）に聞いたよ	谷元さん（行政）に聞いたよ　⑤
・働く人や間伐が足りないね	・林業を支える活動をしているよ
・木材の価値を上げたいんだね	・地元の木材を使っているんだね
宮本さん（市民）に聞いたよ	生活との関係を調べたよ※1※2
・自ら橋拭きをしているね	・外国からの輸入が増えているね
・多くの市民は問題を知らないよ	・昔と今で生活が変化したね

・働く人が減ったり生活が変化したりして守りきれていないんだね

追究を見直すかかわり合い　　　　　　　　　　①

〈これから額田の森を守りきれるのかな〉　　※3

守りきれない	守りきれる
・木より便利なものが多いよ	・林業に興味をもつ人が増えたよ
・お金の問題は難しいね	・市民に伝えて協力すれば

・このままにしていると守りきれないかもしれないよ

これから額田の森を守りきるにはどうすればよいのかな

山本さん（林業家）の立場から考えたよ	谷元さん（行政）の立場から考えたよ　⑤
・地元の木材を使う必要があるね	・森林や林業に関心をもたせる
・額田の木の価値は高いね	必要があるね

宮本さん（市民）の立場から考えたよ
・森林に関心をもって自分から行動することが大切だね　※4

核心に迫るかかわり合い　　　　　　　　　　　①

〈額田の森を守るためにどうしていくことが必要かな〉

市役所（行政）・山本さん（林業家）	宮本さん（市民）のように
・林業を営む人を育てる	・森林に興味をもつ
・協力して取り組む	・できることを考えて自分から
・市民にもっと宣伝する	行動する

未来のことを考え，手を取り合って行動することが必要だね

・額田の森や林業の大切さを市民に知らせたいな　　　　④
・プログラミングソフトを使って，広告を作るよ

学びを振り返るかかわり合い　　　　　　　　　①

仲間からの学び	自分の成長	社会科の学び
・自分が気づかなかったことに気づけたよ	・友だちの考えを自分に生かせたよ	・立場を変えて考えたことで，よりよい方法を見つけたよ

</td></tr>
</table>

［教師支援］

◆　夏休みの思い出について話し合うなかで，自然にふれあう話題に焦点化することで，森林などの自然はよいものだという意識をほりおこす。

◇　森林のはたらき，日本の森林や林業の現状・課題について学習する。

※1　追究に見通しをもったところで，さらに勢いをもって追究することができるように，追究を認める朱記をする。
(p.42)

※2　額田の森が守りきれていない原因について，実際に見たり聞いたりして調べたいという意欲を高めたところで，より多角的に考えることができるように，実際に額田の森を見学したり林業に携わる人々の話を聞いたりする場を設定する。

※3　つかんだ事実をもとに自分の考えに自信をもち，安易に満足しているところで，これから額田の森を守りきるにはどうすればよいかという新たな視点をもち，さらに追究していこうとする姿を引き出すために，追究を見直すかかわり合いを設定する。(p.43)

※4　仲間の考えを気にする姿を見せたところで，自分の考えを見つめ直したり，考えの確かさに気づいたりできるように，座席表を配付し，意見交流の場を設定する。(p.44)

4 仲間の考えに目を向け，多角的に考え，自ら行動を起こす美沙

「山本さんみたいに林業をする人たちだけにまかせていては額田の森は守れない」

林業の危機を感じた美沙は，市民としてどうにかしなければならないと考え，立ち上がった。コロナ禍でも，なんとかして岡崎市民に額田の森や林業の大切さについて伝えたいと願う美沙は，地元のラジオ局にリモート出演し，自分の思いを述べた。林業家の話を聞き，林業のことをもっと広めたいと林業家の立場からはじめは考えていた美沙だったが，仲間

ラジオで伝えるよ

と互いの考えを伝え合いながら追究していくうちに，行政や市民の立場からも考えるようになり，多角的な視点をもつまでになった。そんな美沙だからこそ，ラジオ放送で自分たちの思いを伝えた後，「みんなで追究してきたことを伝えられて本当によかった」と語り，自己の成長を自覚したのだ。美沙のこのような姿が見られるに至った経緯を以下に述べていく。

額田の森に危機感をもつ美沙

地元岡崎市の土地について事前学習をし，土地の半分以上が森林であることに驚いた子どもたち。そこで，森林を身近に感じることができるように，市役所森林課の谷元さんに額田の森について話を聞いた。話のなかで，額田の森の恩恵の一つに桜城橋があり，そこで自主的に橋拭きを行っている市民の宮本さんや実際に額田の森で林業を営む山本さんの存在を知った。そこで，徐々に額田の森に迫っていけるように，宮本さん，山本さんに話を聞くことにした。

－〈略〉－ 林業で働く人がどんどん減少してしまうのではないかと思います。職業を選択するときには，まず収入がくる人が多いから，収入が低いと，なる人がいなくなるからです。 （10月22日　美沙の学習記録）

二人の話を聞いた美沙は「どんどん減少してしまう」のではないかと林業に危機感を抱いていた。その要因を，林業を営む人の「収入」の低さにあると考えていた。学級全体でも，林業に対する危機感を抱き始めたところで，問いを生むかかわり合いを設定した。

かかわり合いでは，美沙の収入が低いという気づきや，涼也の林業の知名度が低いという気づきをかかわらせていった。美沙は，かかわり合いのなかで，涼也の考えを取り入れ，「頭の中に林業っていう選択肢がないんだと思う」と，林業の知名度の低さに額田の森の課題があると考えた。

仲間の考えにふれ，多角的に考えをもつ美沙

◉…非認知的能力の視点でとらえた子どもの姿

支…非認知的能力に着目した教師支援

> 林業をする人が減少しているのは，収入が低いし，涼也君が言うように，林業自体の<u>イメージがうすい</u>からだとわかった。－〈略〉－<u>森がなぜ守りきれていないのか調べてみたいです。</u>
>
> （10月29日　美沙の学習記録）
>
> ※涼也君の考えから，林業をする人が減少している理由が新しくわかりましたね。仲間の考えを取り入れることができてよいですね。

　問いを生むかかわり合い後，美沙は，学習記録に「イメージがうすいから」と記し，**知名度という視点**から，「**なぜ守りきれていないのか**」と追究の見通しをもつことができた◉。その姿をとらえた教師は，仲間の考えを取り入れ，追究の見通しをもつことができた姿を<mark>認める朱記をした</mark>支。

　問いを生むかかわり合いをとおして，「額田の森がなぜ守りきれていないのか，森を守るための行動を調べたい」と問いをもった美沙は，林業に携わる人が減少している背景には，人々の生活の変化による木の必要性の低下や，市民の森林や林業に対する知識不足があるのではないかと考えた。そこで，自分の考えを確かめるために，美沙は全校の保護者にアンケート調査を行った。

> －〈略〉－　林業を知らない人が意外といておどろいたし，それが今の森林の危機につながっているのではないかと思います。また，林業に興味がないという人が357人中204人いたので，これは林業を知らない人も同様で，しょうらい，林業をやる人がさらに少なくなったりすると，森林を守る人も減ります。つまり，森林は<u>もっと危険な状況</u>になります。－〈略〉－　林業にはややネガティブなイメージが多かったです。例えば「収入が低い」や「生活の不便さ」「危険」などです。これらが，林業をやる人が少ない原因につながっていると思います。森を守るために<u>林業の「みカ」</u>を伝えたいです。
>
> （11月8日　美沙の学習記録）
>
> ※予想以上に林業を知らない・興味のない人が多かったんだね。そこから未来の額田の森のために自分にできることまで考えられてよいですね。

　アンケート後，「もっと危険な状況」になると知名度という視点から危機感を強めた美沙は，『林業の「みカ」』を伝える必要があると，自分にできることを考え始めた◉。そこで，教師は複数の視点から自分にできる

涼也の林業の知名度が低いという考えを取り入れ，知名度の低さという追究の見通しをもつことができた。美沙は追究を始めると，一つのことにこだわって追究しやすく，一面的に理解したことで自信をもちやすい。追究が始まる今の段階なら，仲間の考えを取り入れた姿勢を認めることで，この先の追究が停滞した際に，仲間の考えに目が向き，多角的に考えやすくなるのではないかと考えた。

仲間の考えを取り入れ，追究の見通しをもつことができた姿を認める朱記

仲間の考えを取り入れ，知名度という視点からも追究したことで，自分にもできることがあることに気づいた。人の役に立とうと行動できる美沙だからこそ，額田の森を守るために自分にできることをしたいと考えた。この姿を認めることで，美沙の追究に対する自信が高まり，追究に勢いがつくのではないかと考えた。

追究を認める朱記
（p.40※1）

ことまで考えた美沙の追究を認める朱記をした⑨。

　美沙は，自分の考えを確かめるために，実際に額田の森へ行き，自分の目で森林の状態を見ることにした。手入れが行き届かず，土砂崩れの現場を見た美沙は，なんとかしなければとさらに危機感を強めた。一方で，林業家の山本さんに質問をし，「うまく木を切ることができたときの楽しさ」や「役立つことをしているというやりがい」という，林業の魅力について知ることができた。美沙は，このことを**市民に伝えていけば，興味をもつ人が増えるだろうと考えた**👁。一方で，和哉は林業の体験会を市役所が開いていて，林業への関心を高めている人が増えているから，額田の森は守りきれると考えていた。そこで，教師は，異なる立場から追究している仲間の考えをかかわらせることで，未来のために必要なことという新しい視点をもって勢いよく追究に向かえるように，追究を見直すかかわり合いを設定した⑨。

> 知らないことがたくさん知れてよかったと思います。―〈略〉―自分たちが行動しなければ額田の森を守れるかわからないからです。なので，国や市が何かやってくれるのをまつのは守れないと思います。また，人々が木を使わなくなってきたのは便利さを求めてきたからなので，木の便利さやよさを多く見つければいいと思います。
>
> （11月19日　美沙の学習記録）

　「知れてよかった」と，自分とは異なる仲間の考えを聞けたことに美沙は喜びを感じていた。また，市民の立場で考える美沙と，行政の立場で考える和哉の考えを板書で対比したことで，美沙は，市民の立場だけでなく，行政の立場の考えも取り入れたうえで，「国や市が何かやってくれるのをまつのは守れない」と自分たちが行動しなければ額田の森を守っていけるかわからないという考えをもった。さらに，林業の魅力と合わせ，木の便利さやよさも伝えていこうと，新しい追究の視点を見いだすことができた。

美沙は，市民と林業家の立場から考えることで，危機感を強めている。ここまでで仲間の考えを取り入れることのよさを知った美沙なら，異なる立場から追究している仲間の考えとかかわらせることで，共感性がはたらき，自分の考えを見つめ直し，新しい追究の視点をもち，勢いよく追究に向かっていけるのではないかと考えた。

追究を見直すかかわり合いの設定
（p.40※3）

未来の森林を守るために自分たちにできることを考える美沙

　美沙は，未来の森を守るために木の便利さやよさを伝えたいと，山本さんにメールで相談をした。**自分の考えを山本さんから認めてもらったことで，美沙は実際に行動したいという思いを強めた。また，林業家や行政が林業のプロを育てるために行動する必要があることに気づいた**👁。教師は，美沙が多角的に考えることの必要性を感じることができるように対話を行った🈁。

T	山本さんからの返事を読んでどう思った？
美沙	やっぱり，守っていくのは難しいって改めて思いました。でも，額田の森も林業も絶対に未来に必要だとわかりました。
T	じゃあやっぱり林業をなくしたくないね。
美沙	自分たちが林業の魅力を伝えて，林業に興味をもつ人を少しでも増やしたいし，林業のプロを山本さんたちや市役所が育てないといけないこともわかりました。
T	いろいろな立場の人が関係していることに気づいたね。

（12月1日　美沙との対話記録）

　「育てないといけないことも」と，複数の立場で考える美沙の姿を「いろいろな立場の人が関係していることに気づいたね」と認めた🈁。追究を進めていくなかで，多くの子どもたちが，互いの考えを気にし始めた。また，美沙も，**額田の森を守っていくために必要なことが見えてきて，仲間の考えを気にし始めていた**👁。そこで，教師は，仲間と考えを見合ったり，自由に意見を交流したりするなかで，多角的に考察することができるよう，座席表を配付し，意見交流の場を設定した🈁。

　美沙は，同じように様々な立場から追究してきた智史の「自分たちがやるかやらないかで未来が変わる」という考えに共感し，自分たちの考えを市民に伝えたいという思いを一層強めたことを学習記録に記した。そして，額田の森を守りきるために必要なことに対する考えがまとまり始めたため，追究に価値を見いだせるように，核心に迫るかかわり合いを設定した。

美沙100　－〈略〉－　橋拭きの最後に話があって，そういうとこ

美沙は，木の便利さを伝えていくという市民の立場での考えを山本さんに認めてもらったことで自信を高めている。しかし，このままだと，市民の立場からのみで考えた行動になってしまうのではないか。美沙の行政や林業家からの立場でも考えて行動することが大切であるという考えを認めれば，多角的に考える必要があることを実感できるのではないかと考えた。

美沙の考えを対話で認める

互いの考えを気にしている今なら共感性がはたらき，様々な仲間の考えに目を向けるだろう。そして，自分と似た考えの仲間の存在を知ることで自信を高め，自分の考えの確かさを感じたり，自分と違う考えをもつ仲間の考えをもとに自分の考えを見つめ直したりするなかで，多角的に考察することができるのではないかと考えた。

座席表の配付と意見交流の場の設定
（p.40※4）

> ろでわたしたちが市民に話ができれば，市民に森とか林業とか木のこととかを伝えることができるかなと思います。　（12月13日　核心に迫るかかわり合い　授業記録）
>
> やっぱり，まかせてばかりではなく，自分たちが行動しないといけないと思いました。だから，市民に伝えることを絶対にやりたいと思います。　　　　　（12月13日　美沙の学習記録）

　美沙100「そういうところで」と，市民に伝えている自分たちの姿を思い描いた美沙は，「まかせてばかりではなく」と額田の森の課題を自分事として考えた。だからこそ「絶対に」と，ここまで追究してきた森を守るためにできることについて価値を見いだしていた。その後，単元全体を振り返り，自己の成長を自覚できるように，学びを振り返るかかわり合いを設定した。

> 美沙は，額田の森を守るために必要なことを多角的に考察している。そのなかで，額田の森を守ろうとする様々な人の思いや，取り組みがあることに気づき，自分事として考えるようになったのである。美沙が，自分の追究の価値を実感している今なら，学びを振り返るかかわり合いを設定し，自己の成長とその理由や過程を語らせることで，自己の成長を自覚できるのではないかと考えた。

> 学びを振り返る
> かかわり合いの設定

> 美沙 78　―〈略〉―　自分たちがやるかやらないかで未来が変わるという智史君の意見もそのとおりだと思ったし，桜城橋でボランティアをしている宮本さんのことを思い出しました。いろいろな人の意見を聞くことで考えが広がって，どんどん市民に伝えたいという思いが強くなりました。
> 　　　　　　　　　　　　　（1月25日　学びを振り返るかかわり合い　授業記録）

　美沙78「考えが広がって」と，仲間の考えを取り入れることで，美沙は，様々な立場から考えられるようになった。また，美沙78「市民に伝えたい」と，額田の森の問題を自分事として考えられるようになったことを，これまでの追究の具体的な場面を挙げて語り，自らの成長には仲間の存在があることを自覚する姿を見せたのである。

　そして，美沙は，市民に額田の森や林業の大切さを伝える活動を行う準備に取りかかったが，新型コロナウイルス感染症の拡大により，直接市民と顔を合わせて伝えることが困難となった。それでも，美沙はあきらめず，地元ラジオ局をとおして，市民に額田の森や林業の大切さを呼びかけたいと出演の約束を取りつけた。その後，地元ラジオ局にリモート出演する日がやってきた。そこには，これまで追究してきたことをもとに，額田の森や林業の大切さを岡崎市民に堂々と伝える美沙の姿があった。

　このように，美沙は，仲間の考えを取り入れるなど，共感性をはたらかせることで，自分の考えを見つめ直し，額田の森に携わる人々の営みの背景について多角的に考えられるようになったことや，市民の立場から考えるだけでなく，林業家の思いにふれたり，迫ったりするなかで，問題が自分事になっていったことを自覚する姿を見せたのである。

算数科

1 算数科における教科・領域特有の資質・能力

　算数科では，生活場面のなかで，数量や図形などが関連づく問題に直面したとき，目的に応じた最適な解決方法を導く子どもの姿を求めていく。そこで，わたしたちは，算数科で高めたい教科・領域特有の資質・能力を次のようにおさえた。

○数理を見つめる力

　解決したい問題に内在する数学的な内容に着目する力。数学的な内容として，数のまとまりや図形の構成要素，数量の変化の規則性などがある。

○筋道を立てて考える力

　問題を解決するために，操作，図式化，関連づけをしてわかったことや，いくつかのわかったことから見つけた共通するきまり，既習の内容などをもとにして考える力。

○目的を意識し，考察する力

　方法を吟味する場面で，「正確さ」や「効率のよさ」といった視点で目的に合った方法なのか，考察する力。

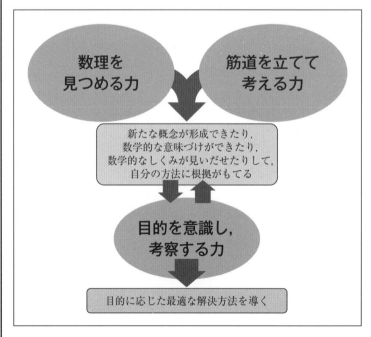

　「数理を見つめる力」と「筋道を立てて考える力」によって，子どもたちは，自分の方法に根拠をもつようになる。そして「目的を意識し，考察する力」によって，方法を吟味していく。吟味を繰り返すことで，子どもたちは，自ら目的に応じた最適な解決方法を導けるようになる。

2　悟志をとらえ，願いをかけ，教材を選定する

6年3学級の実態

自分の考えを主張できる子どもが多い。過去の6年生のように，学校に残すものを作りたいと考えている。『対称な図形』では，「音」などの文字を線対称とみなすことができた。

悟志のとらえと願い

【非認知的能力の視点からのとらえ】

前年度に行った家庭科『タブレットケース作り』の学習では，自分の方法にこだわり，仲間の方法のよさに目を向けられなくなってしまう一面が見られた。自信をもって追究を続けられるからこそ，自分なりの方法で問題を解決することを重視しているのではないか。

【教科・領域特有の資質・能力の視点からのとらえ】

算数科『対称な図形』の学習では，身のまわりから対称な図形を探す際には図形をおよその形で見立てる姿，線対称な図形を作図する際には1mmのずれもないように正確にかこうとする姿が見られた。図形の構成要素に着目し，目的に合った方法を選択できるのではないか。

【悟志への願い】

自信をもって追究を続けられる悟志だからこそ，正確さや効率のよさの視点から，よりよい方法を導けるようになってほしい。自分の方法にこだわれるという悟志のよさを残しつつ，仲間の方法のよさにも目を向けられるようになってほしい。

「附属小の看板制作」の教材としての価値

駐車場フェンスに合うように，120cm×120cmサイズのパネルに図形の拡大を利用して校名をかく。本校は，附属特別支援学校と隣接しているため，来校される方が迷うことがある。このことを子どもたちが知れば，看板が必要だと考えるだろう。多くの人が目にする看板であるからこそ，子どもたちは正確さにこだわり，整った文字をかきたいと考えるだろう。

制作した附属小の看板

【追究の壁】

図形を拡大する方法はいくつかある。自分と仲間の方法を比べ，正確さという視点に重きを置いて，拡大する方法を考える必要がある。

【この教材ではたらきやすい非認知的能力】

自分と仲間の方法や，効率のよさや正確さなどの追究の視点に違いが生じる。そこで，仲間の方法のよさに目を向け，自分の方法に取り入れるという共感性がはたらきやすくなる。

【この教材で高められる算数科における教科・領域特有の資質・能力】

自分と仲間の方法に共通することを考えるなかで，図形の構成要素に着目し，拡大図の意味や特徴を理解し，より正確に拡大図をかく方法を導くことができる。

単元名「そのまま大きくかきたいな　ようこそ附属岡崎小学校　―図形の拡大と縮小―」

（19時間完了）

○ひとり調べの時数　　◎かかわり合いの時数　　［　　　　　　］問い　　◆ほりおこし

「属」を見本より少し大きくかいてみるよ		
・太さを統一したいよ	・大きさをそろえたいよ	④
・附属小の印象を決めるからきれいにかきたいな		

問いを生むかかわり合い　　　　　　　　　　　　　　　　　　　①

バランスよくかきたいよ		何倍かするよ
・文字が小さくなっちゃうよ	×	・手本は画用紙の4倍の大きさだから4倍にするよ
・縦長の字になってしまった		→長さは2倍だよ
・文字が画用紙の真ん中にくるようにしたいよ		・2倍のマス目を作るとよいよ

長さを何倍かして，よいバランスのまま大きくかきたいな	※1

4×4のマス目をかいて		12×12のマス目をかいて	④
	・やりやすいよ	・マス目がたくさんあったほうが正確にかけるよ	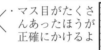
	・かきやすいし，わかりやすいよ		
	・マス目の中はだいたいになってしまうけどよいのかな		※2

追究を見直すかかわり合い　　　　　　　　　　　　　　　　　①

〈だいたいをなくして正確にするためにはどうしたらよいかな〉		
マス目をもとに		一点から伸ばして
・マス目から文字までの長さを何倍かして点を打つよ	・長さを測るからだいたいがなくなるよ	
長さを測るところを増やして正確にするよ		

マス目と点をかいて		斜め線をかいて	③
・簡単で正確にできるよ	・線を増やせば正確になるよ ※3		
・複雑な文字はこっちのほうがやりやすいよ	・複雑じゃない「小」などは，こちらのほうが簡単にできるよ		
・文字によってやりやすさは変わるけど，どちらも正確だよ			

核心に迫るかかわり合い　　　　　　　　　　　※4　　　　　①

〈二つの方法の共通点はどこかな〉	
長さを何倍かして	正確にしたい
・マス目の縦と横を10倍	・どちらも線を増やすほど正確
・斜め線を10倍すると，文字の大きさが10倍になるよ	・どちらも点の位置を決めてかいているよ
どちらの方法も長さを10倍して，点の位置を決めているね	

・看板を作るよ。楽しみだな　　　　　　　　　　　　　　　④

学びを振り返るかかわり合い　　　　　　　　※5　　　　　①

仲間からの学び	自分の成長	算数科の学び
・自分の考えが変わるきっかけになったよ	・仲間の方法のよさにも目を向けられるようになったよ	・全部の長さを何倍かすることが大事だね

［教師支援］

◆　身のまわりから対称な図形を探し，それらを仲間と見合うことで，バランスよく整った図形はきれいだという意識をほりおこす。

※1　うまく拡大ができない状況が続いて，手本どおりに大きくかく必要性を感じ始めたところで，仲間の方法に目を向け，文字を図形と見立てて拡大しようとすることができるように，それぞれがかいた拡大した文字とその方法を掲示し，自分と仲間の方法を見比べる場を設定する。(p.50)

※2　マス目を使う自分の方法が最適であると安易に満足したところで，新たな追究の視点を得たり，他の方法を知ったりすることができるように，追究を見直すかかわり合いを設定し，違う視点や方法をもっている子どもを意図的指名する。(p.51)

※3　共感性がはたらき仲間の方法を試したいと考える姿が見られたところで，仲間の方法のよさを感じたり，目的を意識して，拡大する方法を考察したりできるように，仲間の方法を試す場を設定する。

※4　自分と仲間の方法を考察したうえで，自分の方法に対する自信がもてたところで，それぞれの方法の共通点を見いだし，文字を拡大するうえで何が大切なのかをはっきりさせるために，核心に迫るかかわり合いを設定する。(p.53)

※5　拡大する方法がはっきりしたところで，自己の成長を自覚できるようにするために，単元全体を振り返る場を設定する。

4 仲間の方法のよさに目を向け，正確に拡大する方法を導く悟志

「自分たちの手でかいたとは思えないほど，きれいな字の看板ができた」

　附属小を訪れる人のために看板を作りたい。多くの人の目に
留まる看板だから，きれいな文字でかきたい。卒業制作として
自分たちの手で作りあげたい。そんな思いで始まった附属小の
看板制作。悟志は，文字を大きくかいてみるものの，手本どお
りにならずに困り果てていた。自分なりの方法でなんとか問題
を解決しようと考える傾向にある悟志。そんな悟志であったが，
手本に近いきれいな文字がかけている仲間の方法を目の当たりにしたことで，仲間の方法を試
し，そのよさに目を向けて，正確に拡大する方法を導いていった。

きれいな文字の看板にするよ

　そして迎えた看板制作本番。手本どおりに拡大できた下書きの文字。悟志は，下書きからは
みださないように，ていねいに，ていねいにペンキを重ねていった。フェンスに設置された看
板を眺める悟志の表情は，達成感に満ちていた。悟志のこのような姿が見られるに至った経緯
を以下に述べていく。

文字全体の大きさと形を意識する悟志

　附属小の看板制作を始めた子どもたちは，12cm×12cm サイズの手
本の「属」を，24cm×24cm サイズの画用紙に大きくかいた。子ども
たちの方法を大きく分けると「文字を大きくかいて幅を太くする」
「文字の大きさの目安となる枠をかく」「マス目をかく」であった。
悟志は，文字全体の大きさを意識し，「文字を大きくかいて幅を太く
する」方法でかいていた。

手本の「属」

幅を太くする

枠をかく

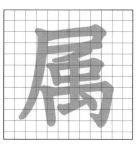

マス目をかく

悟志のかいた「属」

　自分の文字と掲示された仲間の文字を見比べた悟志は，自分の文字だけ文字全体の形が縦長
になっていると感じていた。学級全体でも，バランスよく文字をかくためにはどうすればよい
か考え始めたところで，問いを生むかかわり合いを設定した。

かかわり合いでは，手本どおりに大きくかくとよいという気づきと，辺の長さを2倍にすればよさそうだという気づきをかかわらせていった。かかわり合い後，子どもたちは，「長さを何倍かして，よいバランスのまま大きくかきたいな」と問いをもち，追究に向かった。

仲間の方法に目を向け，拡大する方法を見つける悟志

問いを生むかかわり合い後，大きさと形という文字全体のことを意識していた悟志は，「文字の大きさの目安となる枠をかく」方法で「属」の文字をかき始めた。

> ぼくは今日2まい属をかきました。1まい目は，わくをかくやり方でやりました。はじめのほうは，いい感じだったけど，左から右にかいているから，左によっちゃって失敗しました。2まい目はふつうになにもせず無になってかきました。でも中心の線が太くなっちゃいました。
> （6月15日　悟志の学習記録）

悟志は，枠をかく方法でかいたり，工夫なしでかいたりするものの，うまくかけない状況が続いていた。悟志は，「左によっちゃって」と画用紙に対する文字の位置や，「中心の線が太く」と文字の部分ごとの大きさを意識していた。悟志は，手本どおりに大きくかく必要性を感じ始めていた。そこで，仲間のかいた文字だけでなく，その方法がわかるように，大きくかくために使った線を残すようにし，掲示によって自分と仲間の方法を見比べることができるようにした。すると悟志は，マス目をかくことで，手本に近い文字をかいている信太の掲示を見つめていた。そして，信太のところに話しかけに行った。

> ぼくは最初，わくをかいて，そのわくいっぱいに属をかきました。でも，その後にまわりがマスで成功させていったから，じゃあ，やってみようと思ってやってみたら，めちゃめちゃよくて，これなら安定してキレイにかけると思ってマスにしました。マスでやっているときに目的地に点をかいたら，これイイじゃんと思ってやってみることにしました。
> （6月24日　悟志の学習記録）
> ※点の位置はどう決めているのかな？

悟志は，「やってみよう」と，うまくいかない状況をなんとかしたいと考え，マス目をかく信太の方法を試した。手本にかいたマス目の2倍のマス目をかき，文字を

◉…非認知的能力の視点でとらえた子どもの姿
◉…非認知的能力に着目した教師支援

このままひとり調べを続けると，悟志の自分なりの方法で問題を解決したいという意識が強くなりすぎて，自分の方法にこだわってしまい，仲間の方法のよさに目が向かなくなってしまうだろう。手本のまま大きくかく必要性を感じ始めているこのタイミングで，仲間のかいた文字と，方法を掲示することで，仲間の方法に目を向け，試そうとするのではないかと考えた。

仲間の方法の掲示
（p.48※1）

悟志のかいた「属」

２倍に拡大していった。そして，具体的な操作をすることで，「安定して」と，マス目をかく方法のよさを実感した。このようにして悟志は，マス目をかいて拡大する方法を使うようになっていった。

さらに，このとき悟志は，「目的地に点」を打つことを考えていた。悟志は，目的地に点を打ち，点をつないで文字を拡大していた。これまでは文字全体のことを意識していた悟志であったが，マス目をかく方法を試したことで，図形の構成要素であるマス目と文字が重なる点に着目したのである。悟志は，「これイイじゃん」と**自分なりの方法を見つけたことに満足する様子を見せた** 。そこで，教師は悟志の点を打つ方法に対する考えをはっきりさせるため，「点の位置はどう決めているのかな」と朱記をした後に，対話を行った。

目的地に点を打つ

仲間から正確さという視点を得て，自信をもつ悟志

Ｔ	目的地に点をかく方法がよいの？
悟志	うん。やってみたら，めっちゃかきやすかった。
Ｔ	そうなんだ。これにも書いたけど，点の位置はどうやって決めてるの？
悟志	お手本と同じようなところに。そうすると，点つなぎみたいになって向かっていくところがわかって，かきやすい。

（6月24日　悟志との対話記録）

悟志は，点を打つという自分の方法について「かきやす」さという視点でよさを感じていた。また，悟志は，「同じようなところ」と，およその位置に点を打っていた。ここで，悟志が「かきやす」さだけでなく「正確さ」という視点を得たり，マス目をかく以外の方法に対する仲間の考えにまで目を向けたりすることができるように，追究を見直すかかわり合いを設定した。

かかわり合いでは，悟志に自分の方法について語らせた後に，悟志の点を打つ方法は正確な拡大ができるというところに着目している拓海を意図的指名した。

算数

自分なりの方法を見つけたことに満足しているが，方法のみに目を向けていたり，安定してかけるというかきやすさの視点のみで考えているのであれば，悟志は安易に満足している状態なのではないかと考えた。

考えをはっきりさせる朱記と対話

このままひとり調べを続けていくと，安易な満足をしたまま悟志の追究は停滞してしまう。かかわり合いを設定し，意図的指名をすることで，悟志が正確さという新たな視点を得られるようにしたいと考えた。

追究を見直すかかわり合いの設定と意図的指名　（p.48※２）

悟志 14	ぼくは辰彦君と同じ12×12マスで，さらに点をつけました。点をつけることで，次にどこに行くか目的地みたいな役割をしていて，大きい画用紙１マスの<u>だいたいここ</u>かなっていうところに点をつけてかいています。	
拓海 15	ぼくは悟志君にかかわって，最初マスでやってみたらうまくかけたから，マスでよいなって思ったけど，その後に悟志君の方法を見て，点めっちゃよいじゃんって思って，点をかくっていうほうが非常によいと思いました。	
Ｔ 16	何がよいの？	
拓海 17	マスをかいた後に，より正確にかくために，点を入れると，<u>正確にかくことができる</u>から，その方法がとてもよいと思いました。	
	―〈略〉―	
光江 61	悟志君が言ってた方法，点をかく方法が一番よくって，小さい手本の一緒の<u>位置を測って</u>，マス目から。そうすると，みんな同じように<u>２倍，３倍して</u>くと，そうすると，スタートの位置もみんなそろうから，みんな同じ感じになるし，それがよいんじゃないかな。	

（６月27日　追究を見直すかかわり合い　授業記録）

今日の授業で思ったことは，拓海君や光江さんが，ぼくが点という話をしてから，いろいろ正確にできそうとか言ってくれたので<u>自信になりました</u>。自分でも<u>正確にできる</u>と思うので，このままやりたいです。

（６月27日　追究を見直すかかわり合い後の悟志の学習記録）

悟志の点を打つ方法は，拓海17「正確にかくことができる」と語られた。また，「位置を測って」「２倍，３倍して」（光江61）と，手本のマス目から点までの長さを測り，同じ倍率で伸ばした位置に点を打つことで，より正確になると語られた。かかわり合い前は，悟志14「だいたい」としていたが，意図的指名によって，自分の方法に正確さという視点が加わり，悟志は，自分の方法は「正確にできる」と考えるようになった。そして，悟志は自分の方法に「自信」をもったのだ。

正確に拡大できる根拠をはっきりさせた悟志

追究を見直すかかわり合い後，悟志は，計算によってマス目から点までの位置を決めて，文字を拡大していった。このとき，追究を見直すかかわり合いで亜衣が語った斜め線を引く方法で文字を拡大する子どももいた。

点をつけてかきます

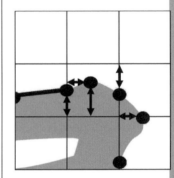

マス目から位置を測る

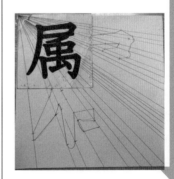

亜衣の斜め線を引く方法

悟志は，仲間から得た正確さという視点を大事にしていた。ここで，点を打つ方法と斜め線を引く方法を比べ，共通点を見いだすことで，自分の方法に対する根拠がはっきりすると考え，核心に迫るかかわり合いを設定した。かかわり合いでは，子どもたちから，悟志のマス目をかいて点を打つ方法と亜衣の斜め線を引く方法について，よさや足りなさが語られた。そのなかで，子どもたちは，これらの方法の共通点に目を向けていった。

> ー〈略〉ー　マスとかななめ線とか点とかが，お手本にも，計算をして本番の紙にもかいてあれば，どこになにがあるかがわかるから，いいバランスのまま大きくかけると思います。
> 　　　　（7月6日　核心に迫るかかわり合い後の悟志の学習記録）

　かかわり合い後，悟志は「どこになにがあるかがわかる」と，どちらの方法も「計算をして」点の位置を決めていると共通点を見いだした。このとき，悟志は，長さを何倍かして点の位置を決めているから正確に拡大できるのだと，根拠をはっきりさせたのである。

　この後，実際の看板の大きさの画用紙に文字をかいた子どもたちは，どのグループも手本どおりの文字に拡大できた。そして，単元全体を振り返る場を設定した。

亜衣の斜め線を引く方法を試した悟志であれば，仲間の方法のよさにも目を向けられるだろう。そこで，点を打つ方法と斜め線を引く方法を比べ，それぞれの方法のよさから共通点を見いだすことができるのではないかと考えた。

核心に迫るかかわり合いの設定
　　　　（p.48※4）

追究の成果を感じたタイミングで，単元全体をとおして自分が成長したと思う場面を客観的に振り返ることで，自己の成長を自覚することができると考えた。

単元全体を振り返る場の設定

> ー〈略〉ー　成長したと思ったのは，今まで（1年〜5年）は自分だけでやり方を考えてたけど，人がやったことを試して，そこから自分の方法を見つけることができたことです。　　（7月11日　悟志の振り返り作文）

　振り返り作文のなかで，悟志は，「今まで」と1年生までさかのぼって，自分の追究の進め方について振り返った。そして，「けど」と今までの自分とは違って，信太のマス目をかく方法に目を向けて，共感性をはたらかせることで，図形の構成要素である点に着目でき，自分なりの方法を見いだすことができたと考えていることがわかる。ここに，自己の成長を自覚する悟志の姿が見られるのである。

　今まで自分の方法で問題を解決することを重視していた悟志。仲間の方法を試した場面での数理を見つめる力の高まりによって，悟志の追究は大きく前進した。悟志は，この場面を自分が成長した場面だと振り返った。仲間の方法を試し，自分なりの方法を見つけたことが，自己の成長だと，悟志は自覚したのである。

理科

1　理科における教科・領域特有の資質・能力

　理科では，自然に親しむなかで，問題を見いだし，科学的にその問題を解決していくことで，自然の事物・現象のしくみやきまりを明らかにする子どもの姿を求めていく。そこで，わたしたちは，理科で高めたい教科・領域特有の資質・能力を次のようにおさえた。

○科学的に見る力

　子どもたちは，今まで何気なく見ていた自然の事物・現象のなかに，驚きや不思議さを感じることで，どのようにして目の前の現象が起きているのか問題を見いだしていく。見いだした問題に対して，自然を自分の都合のよいように解釈したり，固定観念や既成概念にとらわれたりするのではなく，自分の目で確かめたり，実験・観察で事実の検証をしたりして，自然の事物・現象を客観性，再現性，実証性の視点で見つめることができる力。

○条件を考える力

　問題を解決するために，実験・観察を進めるなかで，複数の要素がかかわってくることが多い。そのため，実験・観察をする過程において条件を制御する必要がある。この過程において，自然の事物・現象のしくみやきまりを明らかにするために，変化させる条件と変化させない条件を整理する力。

○実験・観察の結果をつなげて考察する力

　自然の事物・現象から見いだした問題に対して，予想・仮説を立て，実験・観察の計画を立案していく。予想・仮説と実験結果を比較して考え，必要であれば再度予想・仮説を立て追究していく。そのような一連の過程から，問題解決に向けて，繰り返し行った実験・観察から得られた結果

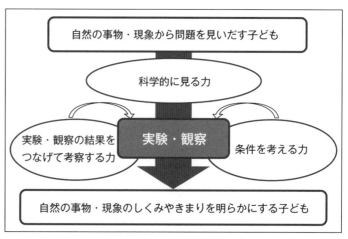

を関連づけながら，自然の事物・現象のしくみやきまりを導きだす力。

2　拓斗をとらえ，願いをかけ，教材を選定する

3年3学級の実態

　粘り強く取り組むことができる子どもが多い。巨大モザイクアートや運動会の表現運動など，仲間と協力して，まわりの人を感動させたり，驚かせたりすることに喜びを感じている。

拓斗のとらえと願い

【非認知的能力の視点からのとらえ】

　体育科『ポートボール』の学習では，作戦を何度も変えて試合に臨み，粘り強く取り組んでいる姿が見られた。それは拓斗が協力し合うことのよさををを知っているからではないか。

【教科・領域特有の資質・能力の視点からのとらえ】

　理科『太陽の性質』の学習では，自分で考えた方法で，太陽の光で水を温める実験を行った。自分の方法を見直すなかで，使う道具やその使い方を変え，条件を考えながら繰り返し実験に取り組むことができるのではないか。

【拓斗への願い】

　協力し合うことのよさを知っている拓斗だからこそ，仲間の考えと比べるなかで，仲間の考えのよさを取り入れて自分の追究を深めてほしい。また，共通点や相違点を見つけ，条件を考え，制御しながら追究を進めることで，しくみやきまりを明らかにしてほしい。

「附属小プラネタリウムづくり」の教材としての価値

　豆電球と乾電池で星座を作り，理科室全面に飾る「附属小プラネタリウム」。豆電球や乾電池の数，つなぎ方を変えることで，豆電球の明るさを調整する。一人一つの星座を作るなかで，なるべく本物の星座に近づけて，見た人を感動させたいとこだわりをもち，星の明るさまで再現しようとするだろう。豆電球や乾電池の数で明るさが変化す

子どもの作った星座

るため，電気を量として考えることができる。また，つなぎ方によって明るさが違うことから，回路の規則性についても考えることができる。

【追究の壁】

　豆電球の明るさを調整して，思い通りの明るさにするためには，豆電球や乾電池の数を変えるだけではできない。そのため，つなぎ方の工夫まで考える必要がある。

【この教材ではたらきやすい非認知的能力】

　豆電球や乾電池の数が同じでもつなぎ方の違いで明るさが違うため，自分と仲間の方法を比較するなかで，違いの理由を知りたくなり，共感性がはたらきやすくなる。

【この教材で高められる理科における教科・領域特有の資質・能力】

　星座の明るさの違いを豆電球で再現するために，豆電球や乾電池の数などの条件を考え，実験結果から考察することで，回路のしくみを明らかにすることが期待できる。

理科

3 単元の流れと教師支援

単元名「豆電球の明るさを調整して　星座を再現するよ　附属小プラネタリウム」

(18時間完了)

○ひとり調べの時数　　◎かかわり合いの時数　　☐☐☐☐☐問い　　◆ほりおこし

───── 豆電球でプラネタリウムを作るよ ─────

| ・輪になるように乾電池と豆電球をつなぐよ
・導線がつながれば光るよ | ・たくさん豆電球があっても②回路がきちんとつながっていると光るね |

問いを生むかかわり合い　　　　　　　　　　　　　　　　　①

一つの豆電球	星座の複数の豆電球
・回路にすれば明かりがつく ・乾電池一つで十分に明るい	✕	・たくさんの豆電球と乾電池をつなぐのは大変そうだ
・豆電球と乾電池の数を変えると，明るさが変えられるよ		

┌─────────────────────────────┐
│ 回路を工夫して思い通りの豆電球の明るさに調整したいな │
└─────────────────────────────┘

明るくするよ	暗くするよ　　④
・乾電池の数を三つにすれば1等星になる ・乾電池が二つで2等星の明るさ	・一つの乾電池に豆電球を四つつなげるとよい ・乾電池を減らせば暗くなる
・豆電球の明るさがあまり変わらないな	

追究を見直すかかわり合い　　　　　　　　　　　　　　※1 ①

〈豆電球の明るさを調整するにはどうしたらよいかな〉

豆電球・乾電池の数	つなぎ方　　　　※2
・2等星は乾電池一つ ・一つの乾電池に二つの豆電球をつなぐ	✕	・豆電球を二つ続けてつなぐとよさそうだ ・明るさの違いが出せそうだ

┌─────────────────────────────┐
│ つなぎ方を変えればさらに豆電球の明るさに違いが出せそうだよ │
└─────────────────────────────┘

乾電池で調整するよ	豆電球で調整するよ	つなぎ方で調整するよ④
・乾電池が2個は明るくなる ・乾電池が2個だと電気の量が大きくなる	・豆電球が多いと暗い ・電気の量が半分になるから暗い	・豆電球を続けてつなぐことで暗さに違いが出せたよ 　　　　　　※3
・電気の量が豆電球の明るさと関係しているよ		

核心に迫るかかわり合い　　　　　　　　　　　　　　　※4 ①

〈明るさを調整して豆電球をつけるのに大切なこと〉

豆電球・乾電池の数で調整	つなぎ方と抵抗で調整
・乾電池の数が多い→電気の量多い ・豆電球が少ない 　→一つにたくさん電気が流れる	・豆電球同士をつなぐ 　→電気が分散→暗くなる ・導線やスイッチは抵抗になる
┌─────────────────────────┐ │ 回路を工夫することで，豆電球の明るさを調整できたよ │ └─────────────────────────┘	

| ・作った星座を飾って，プラネタリウムにするよ　　　　　　　④ |

学びを振り返るかかわり合い　　　　　　　　　　　　　　①

仲間からの学び	自分の成長	理科の学び
・仲間と話し合ったからプラネタリウムが完成できたよ	・仲間の考えを自分の考えに取り入れたら調整がうまくいったよ	・つなげ方や豆電球の数を変えて，回路を作ると明るさが変わることがわかったよ

[教師支援]

◆　太陽の光を反射させて光集めをすることで，光輝くものは，人の目をひきつけることができるという意識をほりおこす。

※1　自分が作った回路に安易に満足しているところで，星の明るさによって豆電球の明るさを調整したという回路のつなぎ方の視点に気づくことができるように，追究を見直すかかわり合いを設定し，そのなかでつなぎ方による明るさの違いに注目している子どもを意図的指名する。(p.58)

※2　仲間の考えを知ろうと共感性がはたらきやすくなったところで，仲間の考えた回路と自分の回路を比較し，豆電球の明るさの違いをイメージできるように，実物を使って試してみる場を設定する。

※3　星座を掲示するために導線を入れたことで，思い通りの明るさにならなくなり，困り事を感じているところで，粘り強さをはたらかせて，繰り返し回路を作り替え，追究を進められるように，朱記で子どもの追究を支える。(p.60)

※4　豆電球の明るさの違いが電気の量に関係していることに気づいたところで，星座の豆電球の明るさと回路の関係をはっきりさせるために，核心に迫るかかわり合いを設定する。(p.60)

4　自信を高め，回路のしくみを明らかにする拓斗

「本物みたいできれいって言ってもらえたよ」

　附属小プラネタリウムを見た全校児童の反応を興奮気味に仲間に伝える拓斗。拓斗は，見た人に感動してもらいたいと，こだわりをもちながらみずがめ座を作成したのである。拓斗のこだわりは，本物みたいに明るさの違いを表現することであった。豆電球や乾電池の数など，条件を変えるたびに，豆電球の明るさが変わっていくことを発見していった。その一つ一つが，拓斗にとっての喜びであった。順調に進む拓斗の星座づくり。しかし，あるとき拓斗は，豆電球を明るくすることで，星の明るさの違いを表現することに限界を感じた。そんなとき，共感性をはたらかせて仲間の考えを聞いた拓斗は，明るくするのではなく，暗くできないのだろうかと考え始めたのである。その後，何度も実験を重ねるなかで，ついに拓斗は，豆電球の明るさを調整し，回路のしくみを明らかにした。みずがめ座の星の輝きを附属小プラネタリウムで再現させることを成功させた拓斗の表情は，喜びにあふれていた。このような姿が見られるに至った経緯を以下に述べていく。

見て，ぼくの星座！

豆電球を使ってプラネタリウムを再現したいと思い，星座を作る拓斗

　学校の近くのプラネタリウムを見学した子どもたち。全校児童にも星座の美しさを知ってほしいと思い，学校でもプラネタリウムを作りたいと考えた。子どもたちは，理科室で再現することをめざして，一人一つの星座を選び，豆電球と乾電池を導線でつなぎ始めた。拓斗は調べて気に入ったみずがめ座を選んで作り始めた。事前学習により，拓斗は豆電球一つと乾電池一つを使って，豆電球のソケットから出ている導線と乾電池が輪になるように回路を作れば明かりがつくことを知っていた。そのため，みずがめ座にある15個の星となる豆電球に明かりをつけるのに，プラス側の導線とマイナス側の導線を集めたものを，乾電池につなげればよいと考えていた。学級全体でも，今後何をすればよいか気づき始めたところで，問いを生むかかわり合いを設定した。

　かかわり合いでは，たくさんの豆電球を一つの乾電池につなぐとうまくいかないという気づきや，豆電球や乾電池の数で明るさが変わるという気づきをかかわらせていった。拓斗は，「暗い星でできた星座だから，乾電池の数を少なめにする」「乾電池と豆電球の数を考える」と，みずがめ座の星の明るさを表現するために，豆電球や乾電池の数の関係を明らかにしていく必要があると考えた。

理
科

豆電球や乾電池の数で明るさを調整する拓斗

「回路を工夫して思い通りの豆電球の明るさに調整したいな」と問いをもった子どもたちは，豆電球や乾電池の数を変えるなど，条件を変えながら実験を始めた。

拓斗は，「豆電球一つに乾電池1個→暗い。乾電池2個→ふつう。乾電池3個→明るい」と豆電球の明るさの違いがつけられると予想し，乾電池の数を変えて豆電球の明るさの違いを調べていった。その後，拓斗は，豆電球2～4個ごとに，プラスはプラス，マイナスはマイナスで導線を集めてまとめ，乾電池に直接つなぐ方法でみずがめ座を作った。

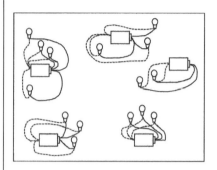

導線をまとめてつなぐよ

> ぼくの星座の星の一部が強く光っているのは，どう線の数が少ないからです。豆電球の数は15個。1等星は，電池が1個。2等星は，2個。4等星以下で合計12個です。気づいたことは，星の等級に合わせて，電池の数をかえることで，電池の数を多くすると，明るさが強くなるから明るさの調整ができる。暗くするにはどう線の数を多くする。どうしてそうするかというと，豆電球の数が増えて一つ一つの豆電球が暗くなるから。　　　　（10月26日　拓斗の学習記録）

拓斗は，乾電池の数を変えて実験するなかで，「電池の数を多くすると，明るさが強くなる」と考えたのである。一方で，「豆電球の数が増えて一つ一つの豆電球が暗くなるから」と，本当に暗くなる回路なのか確かめずに，豆電球と乾電池の数で明るさの違いができると安易に結論づけていた◉。そこで，追究を見直すかかわり合いを設定した支。かかわり合いのなかで，追究の足りなさに気づき，新しい視点で追究を進めていけるように，回路のつなぎ方を変えれば，さらに暗くすることができると考えた和昭を意図的指名した支。

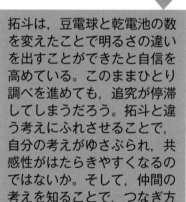

拓斗は，豆電球と乾電池の数を変えたことで明るさの違いを出すことができたと自信を高めている。このままひとり調べを進めても，追究が停滞してしまうだろう。拓斗と違う考えにふれさせることで，自分の考えがゆさぶられ，共感性がはたらきやすくなるのではないか。そして，仲間の考えを知ることで，つなぎ方という新しい視点から追究を進めていくことができるのではないかと考えた。

追究を見直すかかわり合いの設定と意図的指名　　　（p.56※1）

拓斗	45	ぼくの星座は，1等星が1個で，2等星が2個で，4～6等星が12個で，だいたいが，暗い星なんですけど，まず1等星は，電池1個につき，豆電球が1個。2等星は，電池1個につき，豆電球2個。最後に，一番多い4～5等星は，電池1個につき，豆電球3個。
T	46	なんでそうしたの？
拓斗	47	なんか，豆電球の数が多いほど，使う電気の量が多いから，だから1個1個の豆電球の明るさが暗くなるから星

も暗くなる。

― 〈略〉 ―

和昭64　まず，1等星のことを考えて，1等星は乾電池2個だか
ら，これだと豆電球にそれほど多く電気がつながらない。
ふつうだったら，豆電球にいっちゃうけど，他の豆電球
があるから，電気を分け合わないといけないから暗くなる。
　　　　　（11月18日　追究を見直すかかわり合い　授業記録）

- -

　一人一人の考え方がちがうなと思いました。和昭くんのつなぎ方
でやると暗くなるので自分の星座に試したいです。
　　　　　　　　　　　　　（11月19日　拓斗の学習記録）

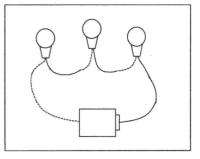

和昭が気づいたつなぎ方

　拓斗は，追究を見直すかかわり合いで，拓斗47「豆電
球の数が多いほど」と豆電球の数によって，明るさが暗
くなると語った。一方，つなぎ方に目を向けている和昭
は和昭64「電気を分け合わないといけないから」と説明
した。しかし，拓斗をはじめ，多くの子どもたちがつな
ぎ方による明るさの違いまでは気づいていない様子だっ
た。そこで，実際に和昭の方法を試して比較する場を設
定した。和昭の方法のほうが明らかに豆電球が暗くなっ
た。すると，つなぎ方を変えることでも暗くすることが
できると実感した拓斗は，「自分の星座に試したい」と
自分の星座の豆電球のつなぎ方を見直し，新たな追究の
視点を得たのである。

理
科

回路のしくみを明らかにした拓斗

　追究を見直すかかわり合いの後，和昭の考えたつなぎ
方を取り入れながら，みずがめ座を作り直した拓斗。机
の上ですべての豆電球に明かりをつけ，1等星，2等星，
4等星以下の明るさの違いを表現することができた。そ
して，完成させたそれぞれの星座を壁に掲示する準備を
始めた。壁に掲示するためには，スイッチを手元に置く
ために，回路の途中に長い導線をつなぐ必要があると考
えた拓斗は，2mの導線を追加した。

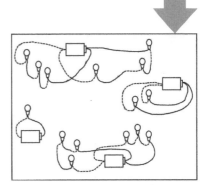

和昭の考えを取り入れた拓斗のつなぎ方

　今は，1等星と2等星はできているんだけれど，4等星は一回光っ
ていて，2mの導線とつなげたら，光らなくなったからどうして
なのかを調べている。　　　　　（12月1日　拓斗の学習記録）

※２ｍの導線を入れると暗くなってしまうんだね。明るさを強
くするためには，どうしていたかな。

　拓斗は，できたと思っていた４等星が光らなくなった
ことに困り事を感じていた。２ｍの導線を追加したこ
とにより，抵抗が大きくなったことが原因であろう。し
かし，拓斗は，今まで考えてきたことを思い出し，「調
べている」と追究をあきらめようとしなかった👁。その
解決方法として，以前に拓斗が考えていた方法を応用で
きることに気づけるように，「明るさを強くするために
は，どうしていたかな」とこれまでの追究に視点が向く
ように，教師は 朱記をした 🈂。

　　星座を作ってわかったことは，２ｍのどう線をつなげると暗くな
　ることがわかった。電池の数を増やせば，ふきゅうする（元に戻る）。
　　新品の電池とのこり少ない電池だと，明るさにちがいが出る。の
　こっている量が同じ電池を使うとよい。(12月５日　拓斗の学習記録)

　拓斗はあきらめずに，粘り強く調べていった。これま
での実験で，１等星や２等星を考えるときに，乾電池の
数を増やしたことで明るくなったことを思い出し，２ｍ
の導線を入れたことで明かりがつかなくなった原因を自
ら考え，「電池の数を増やせば」よいと解決方法を導き
だすことができた。また，電気の量に着目した拓斗は，
乾電池の残量を調べながら実験をすることで「のこって
いる量が同じ電池を使うとよい」と，**乾電池に残ってい
る電気の量の違いによって明るさに違いが出ることを明
らかにした**👁。ここで互いの追究の高まりをわかち合い，
回路のしくみを明確にし，価値を見いださせるために，
核心に迫るかかわり合いを設定した🈂。

拓斗 ７　ぼくが明るさを調整して，星座を作ってわかったことは，
　　　　豆電球の数や導線のつなぎ方によって，明るさが変わる
　　　　ことです。
Ｔ　 ８　具体的にはどうしたの？
拓斗 ９　たとえば，電池１個につき，豆電球１個なら明るいけど，
　　　　電池１個につき，豆電球３個くらいだったら，電気を使
　　　　う量が多くなって，豆電球１個の明るさが減る。
　　　　(回路の図を板書する)

２ｍの導線を入れたことで，
これまでの思い通りの明るさ
に近づいていたことが，うま
くいかなくなったと感じてい
た。しかし，原因を明らかに
しようと拓斗の粘り強さがは
たらいていることで，追究が
停滞していない。そこで，こ
れまで追究してきた乾電池の
数を変えることで明るくでき
ることに気づくことができれ
ば，豆電球の明るさと電気の
量に目が向くのではないかと
考えた。

朱記で追究を支える
　　　　　　　(p.56※３)

電気の量に着目して実験する
ことで，豆電球の明るさは流
れてくる電気の量の違いが影
響していることを導きだした
拓斗。実験から導きだした考
えに，拓斗は自信をもってい
た。ここで一人一人が互いの
追究の高まりをわかち合うこ
とができれば，拓斗は，さら
に自信を高め，これまでの追
究に価値を見いだすことがで
きるのではないかと考えた。

核心に迫るかかわり
合いの設定
　　　　　　　(p.56※４)

和昭 10　ぼくのつなぎ方と同じだ。
拓斗 11　あと，さっき言っていた，導線のつなぎ方によって明る
　　　　さが違うのは，プラスはプラスで集める方法と，和昭君
　　　　のつなぎ方では，明るさが違うってこと。
　　　　　　　　（12月8日　核心に迫るかかわり合い　授業記録）

豆電球で調整したよ

　ぼくは，かかわり合いをとおしてわかったことがあります。電気
の力が大きい，つまり乾電池2個のとき，電気の量は2倍になって
いるという友だちの意見です。―〈略〉―　豆電球4個と乾電池2
個のとき，（一つの豆電球に対して）0.5Vしか行かないと考えた
のは初めてでした。　　　　　　　（12月8日　拓斗の学習記録）

　拓斗9「電気を使う量が多くなって，豆電球1個の明
るさが減る」と，使われる電気の量が変化すると拓斗は，
発言をした。さらに，黒板に作図をして，拓斗11「明る
さが違う」と，回路のつなぎ方によっても電気の量に変
化が出ることを自信をもって発言したのである。拓斗は，
「電気の量は2倍」と，電気を量的に考え，電気の流れ
としてイメージをもって理解したのである。その後，星
座を完成させ，プラネタリウムを全校児童に披露するこ
とができ，満足している拓斗の姿が見られた。そこで，
自己の成長を自覚できるように，学びを振り返るかかわ
り合いを設定した。

拓斗は，豆電球の明るさが流
れる電気の量に影響している
ことがわかった後，再度自分
の作った星座を作り直し，実
際にプラネタリウムを公開し
たことで，達成感をもってい
る。これまでの追究をとおし
て，成長したきっかけや理由，
場面を客観視できるようにす
ることで，自己の成長を自覚
することができるだろう。

学びを振り返る
かかわり合いの設定

拓斗 20　えっと，困っていることを出し合って，解決するために話し合いをして，ここまでやってきた。なか
　　　　でも，和昭君のつなぎ方をやってみたから，自分の星座は完成できたと思う。
　　　　　　　　　　　　　　　　　　　　（3月1日　学びを振り返るかかわり合い　授業記録）

　拓斗20「解決するために話し合いをして」と拓斗は，問題を解決できたことの喜びを語った。
そして，和昭のつなぎ方を自分の回路に取り入れて，拓斗20「やってみたから」完成すること
ができたと振り返った。追究が停滞しそうなときに共感性をはたらかせ，つなぎ方という新た
な条件を考えて回路を見直したことで，回路のしくみを明らかにし，星座を完成させることが
できたのである。

　このように，拓斗は，共感性をはたらかせ，自分と仲間の考えを比較しながら繰り返し実験
に取り組んできた。そのなかで，結果をつなげて考察し，回路のしくみを明らかにしたことで，
自己の成長を自覚したのである。

理科

音楽科

1 音楽科における教科・領域特有の資質・能力

　音楽科では，音や音楽を感じ取りながら，音色やリズムなどの音楽的諸要素をもとに表現の仕方を追求し，音や音楽に親しむ子どもの姿を求めていく。そこで，わたしたちは音楽科で高めたい教科・領域特有の資質・能力を次のようにおさえた。

○自分なりの感覚で音や音楽を感じ取る力

　これまでの生活経験をもとに，音や音楽がもつ固有の雰囲気や曲想，美しさなどが，どうしてそのように感じられるのかについて，自分なりの感覚で音や音楽を感じ取る力のこと。

○音楽的諸要素を視点として表現する力

　音色や強弱，音の重なり，リズム，拍，拍子，速度などといった，どの人にも共通している音楽的諸要素を視点として，自分のイメージを表現する力のこと。

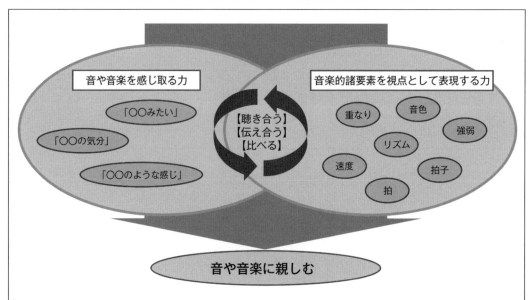

　※仲間と表現を聴き合ったり，感じたことを音楽的諸要素を視点に伝え合ったりし，表現の仕方や根拠，感じ方を比べるなかで，よさを認め合ったり，仲間との違いに目を向けたりすることで，自分の表現の仕方を見直していく。そうすることで，「音や音楽を感じ取る力」や「音楽的諸要素を視点として表現する力」が高まる。二つの力を高め，表現することのよさを実感した子どもたちは，進んで音や音楽に親しもうとする。

2 彩子をとらえ，願いをかけ，教材を選定する

1年1学級の実態

　仲間と手遊びをして音楽を楽しむ姿がある。また，得意なことや家族で休みの日に出かけたときのことなどを仲間に伝えたい気持ちがあり，共通の話題で盛り上がる様子が見られる。

彩子のとらえと願い

【非認知的能力の視点からのとらえ】

　うまくできないかもしれないという不安を感じると，あきらめがちになってしまう彩子が，折り紙遊びのなかで，仲間に教えてもらうことで，作ったことのない作品を完成させる姿が見られた。はっきりとした目的がある場面で，仲間からの支えがあれば，最後まで取り組むことができるのではないか。

【教科・領域特有の資質・能力の視点からのとらえ】

　音楽科『ミュージック　ポン・プーを使った音遊び』の学習では，表現したい様子の音探しを楽しみ，自分の表現が曲に偶然合ったときに，心地よさを感じる姿が見られた。彩子は，曲に合わせて表現することを意識し始めているのではないか。

【彩子への願い】

　はっきりとした目的と，仲間からの支えがあれば，最後まで取り組める彩子だからこそ，曲に合わせた表現の仕方を探る追求をとおして，仲間の表現の仕方のよさに目を向けながら，自ら粘り強く取り組めるようになってほしい。

「ウォッシュボードを使った音楽づくり」の教材としての価値

　教材曲『遊園地に行きましょう』の最後に，リズム音源のみの部分（4拍×8小節）を設ける。そこで，リズム楽器「ウォッシュボード」を使い，音を出すことで，自分が表現したい様子になっているかや，流れる曲の拍に合っているかどうかを追求しながら，遊園地の乗り物の様子を表現することができる。（※教材についての詳細は p.65参照）

【追求の壁】

　表現したい様子をリズム音源の部分にあてはめることが難しいため，流れる曲の拍に合わせて表現することが必要になる。

【この教材ではたらきやすい非認知的能力】

　仲間と表現を聴き合い，音色や拍の感じ方を視点に考えを伝え合うことで，自分と仲間の考えを比べ，それぞれのよさに目を向けながら，あきらめずに取り組むことができる。

【この教材で高められる音楽科における教科・領域特有の資質・能力】

　楽器の種類，鳴らし方を選択できることから，音楽的諸要素である音色を視点に表現する力が高まる。また，流れる曲に合わせて表現することから，音楽的諸要素である拍を視点に表現する力が高まる。

音楽

3 単元の流れと教師支援

単元名「音で　ひょうげんするよ　ゆうえんちの　お気に入りの　のりもの

　　　　　　　　　　　—ウォッシュボードを使った音楽づくり—」(16時間完了)

○ひとり調べの時数　　◎かかわり合いの時数　　▭▭▭▭▭問い　　◆ほりおこし　　◇事前学習

┌───┐
│　　ウォッシュボードを使って乗り物の様子を表現するよ　│
├───┤
│・こするとギロみたいな音が　　・もう一つ楽器を入れて　　│
│　して楽しいね　　　　　　　　　表現したいな　　　③　│
└───┘

問いを生むかかわり合い　　　　　　　　　　　　　　　　　①
┌───┐
│　　鳴らしたい音があるよ　　　　鳴らす音を悩んでいるよ　│
│・急カーブはラッパで鳴らそう　・いろいろな音が出るから　│
│・爪と泡立て器は同じ音だから，╳・選べないよ　　　　　　│
│　鳴らしやすい方にするよ　　　・曲に入るように表現したいな│
└───┘

┌═══┐
│　乗り物の様子に合う音を見つけて，曲に合わせて表現したいな│
└═══┘

　　楽器の種類・鳴らし方　　　　　曲に合う表現　　　　④
・音色や強弱を考えて，様子に　・曲に合わせてみると，合って
　合うようになったよ　　　　　　いないところがあったよ
　　　　仲間と表現を聴き合うよ　　　　　　　　　※1①
・わたしと同じ表現をして　　　・仲間の表現は，どうして
　いる子がいたよ　　　　　　　　曲に合っているのかな

追求を見直すかかわり合い　　　　　　　　　　　　　　※2①
┌───┐
│　〈曲に合わせて表現するためにはどうすればよいのかな〉　│
│　　頭のなかで拍を取る　　　　　身体で拍を感じる　　※3│
│・タンタン……と頭のなかで　　・曲に合わせて首を上下に振り，│
│　リズムを取って鳴らすよ　　　　拍を感じながら表現するよ│
│頭のなかで拍を取ったり身体で拍を感じたりすれば曲に合いそうだね│
└───┘

　　拍を取って表現する　　　　　拍を感じて表現する　　③
・「タン・タン・タン・タン」と曲に　・「1・2・3・4」のいつ音を
　合わせて表現するよ　　　　　　出すかを決めて表現するよ
　　　　完成した表現を披露するよ　　　　　　　　※4①
　　　・ジェットコースターの上る様子が伝わったよ
　　　・相手に伝わる表現ができたのはどうしてかな

核心に迫るかかわり合い　　　　　　　　　　　　　　　　①
┌───┐
│　　〈曲に合わせて様子を表現するときに大切なこと〉　　│
│　　様子に合う音色や強弱　　　　　曲に合う拍　　　　│
│・動画を見ながら，様子に　　　・曲の拍に合うように，考えた│
│　合う音色を見つけたよ　　　　　ものを表現するとよいよ│
│　　・様子を考えながら，曲に合わせることも考える　　│
│様子をイメージして音色や強弱を考えて，拍を取って表現するよ│
└───┘

学びを振り返るかかわり合い　　　　　　　　　　　　　　①
┌───┐
│　仲間からの学び　　　　自分の成長　　　音楽科の学び　│
│・仲間の表現を参考に　・あきらめずに考え　・曲に合うように，│
│　したら，新たな表現　　たら，完成するこ　　ウォッシュボード│
│　方法がわかったよ　　　とができたよ　　　　で表現できたよ│
└───┘

［教師支援］

◆　拍子がわかりやすい曲にのせて歌ったり踊ったりするなかで，曲に合わせて身体を動かすと気持ちがよいという意識をほりおこす。

◇　昔話を参考に，洗濯機のない学校での雑巾洗いに洗濯板を使う。その後，楽器として使われていることを知らせ，音を鳴らす場を設定する。

※1　追求していく内容が明確になっておらず追求が停滞しそうになったところで，追求していく方向性が明確になるようにするために，表現を録画し聴き合う場を設定する。　　　　　　　　　　(p.67)

※2　どうして曲に合わないのかがわからずにいるタイミングで，仲間の考えから新たな視点をもち，再び追求していけるように，追求を見直すかかわり合いを設定する。(p.67)

※3　仲間の考えを聞き，実際に試してみたいと思い始めたタイミングで，今後，追求していく方向性がはっきりするように，仲間の表現の仕方を試す場を設定する。　　(p.68)

※4　表現してきたものが完成したところで，粘り強く追求してきたことが成果として認められ，達成感を得られるように，伝えたい人に披露する場を設定する。　　(p.69)

4　粘り強く追求し続け，自分の表現を完成させていく彩子

「今からお母さんにウォッシュボードで演奏してもいい？」

　個別懇談会で母親と来校した彩子は，完成した演奏を，どうしてもこの場で聴いてもらいたいと，母親に生演奏を披露した。子どもたちは，完成した演奏をタブレットで録画をし，持ち帰って披露したい相手に見せていたのだが，彩子は，学校で生演奏を聴いてほしいと考え，自ら演奏したいと希望したのである。

お母さん聴いていてね

　今までは，やりたいことがあっても，挑戦することをためらってきた彩子が，演奏を聴かせたいと自ら披露する場をつくり，母親の前で堂々と演奏した。粘り強く追求し続けて満足のいく演奏が完成したという達成感から，聴いてほしいという思いが行動として表れたのではないか。彩子のこのような姿が見られるに至った経緯を以下に述べていく。

【教具「ウォッシュボード」について】

　リズム楽器「ウォッシュボード」は，凹凸部分の木材，指につけたり持ったりする金属製のもの，効果音を出せるベルやラッパなど，様々な材質から異なる音質のものを選び，音色にもこだわって表現の仕方を考えることができる。さらに，異なる音色のものが必要な場合には，アイテムを加えることができる。また，首にかけて音を鳴らすため，両手を使って表現できたり，立ったまま表現できたりするため，足のつま先や膝など，身体の様々な部分で拍を感じながら表現できる。

ウォッシュボード

【教材曲『遊園地に行きましょう』について】

　『遊園地に行きましょう』の曲の最後の部分「(ハイハイハイ！)」の後に，拍を感じながら表現しやすい長さ（4拍×8小節）をリズム音源のみにし，自由に音を鳴らして表現できる部分を設ける。ウォッシュボードで表現した音を入れられるようにすることで，曲と同時に演奏が終わるかどうかで，曲と表現したい音が合っているのかを感じ取りやすくなるようにした。

> **♪遊園地に行きましょう**
>
> ゆうえんち(ハイッ！)
> いきましょう(はいはいっ！)
> みんなで いきましょう
> (レッツゴー！)
>
> ゆうえんち(ハイッ！)
> ついたなら(はいはいっ！)
> のりもの のりましょう
> (ハイハイハイ！)

教材曲の歌詞

音色の違いに気づき始め，曲に合わせて表現しようと追求に向かう彩子

　ウォッシュボードを使った音楽づくりを始めた子どもたち。様々な音が出せるということに気づき，『遊園地に行きましょう』の曲のリズム音源の部分に合わせて，音を鳴らし始めた。ここでは，学級で遊園地に行った思い出を振り返りながら，自分のお気に入りの乗り物の様子を音で表現していった。彩子は，遊園地へ一緒に行きたがっていた弟のことを思い，弟でも乗れるゴーカートが走る様子を表現しようと音色を考えていた。そのなかで，彩子は，同じ金属製のもので鳴らしても，音色の違いがあることに気づき始めていた。学級全体でも，音色という視点に目が向き始めたところで，問いを生むかかわり合いを設定した。

> 　いろいろな音があると　しって　ゴーカートの音が　<u>できそうだなと</u>　おもいました。わたしは，くふうしてがんばって　きめて　いきたいです。<u>音がくに合うように</u>　やって　いきたいです。がっきや　ならしかたをかんがえて　いきたいです。　　　　　　　　　　（10月28日　問いを生むかかわり合い後の彩子の学習記録）
> 　※じぶんで　あたらしい音を　みつけたいのですね。そして，音がくにも　合わせられると　よいですね。

　かかわり合いでは，音色の違いがあるという気づきと，曲に合わせるとよさそうだという気づきをかかわらせていった。かかわり合い後，彩子は，「できそうだな」「音がくに合うように」と，イメージする音を見つけて，曲に合わせて表現したいと，自分の表現の仕方に対する見通しをもつことができた。

曲に合わないという困り事から，仲間の考えを参考にして拍の感じ方を視点にもつ彩子

　彩子は，ガタガタとしながら走り始めるゴーカートの様子を表現したいと考え，泡だて器を使い始めた。しかし，風を切って「すー」と走る様子は表現できずにいた。なかなか音を見つけることができないでいた彩子は，追加のアイテムとして，プラスチック製のベラを家で見つけてきて，「すー」と走る様子の音を見つけた。彩子は，音楽的諸要素である音色を視点として表現しようとしたのである。そして，彩子は，次のような表現を考えた。

◉…非認知的能力の視点でとらえた子どもの姿
㊥…非認知的能力に着目した教師支援

「すー」の音に決めたよ

彩子の演奏	ガタガタ		すー	すー	ガリガリ	ガリガリ	(次の音を迷う様子)	すー	すー
拍の流れ	● ● ● ●		● ● ● ●		● ● ● ●			● ● ● ●	

彩子の演奏		すー	ガタガタ	ガタガタ	チリン	チリン	(表現したいことを終えてやることがなく音を横に振る)	
拍の流れ	● ● ● ●		● ● ● ●		● ● ● ●		● ● ● ●	

すーっと　はしる音を　みつけました。だから，<u>もう　きまり</u>ました。—〈略〉—　ふやした　がっきも　よかったです。<u>もう　か</u><u>んせい</u>しました。けど，<u>もうすこし</u>　かんがえたいです。

（11月4日　彩子の学習記録）

彩子は「<u>もう　きまり</u>」「<u>もう　かんせい</u>」と，これぐらいできていればよいかと，安易に満足をする姿が見られた。一方で「<u>もうすこし</u>」と，改善できるのではないかとも考えていた◉。そこで，曲に合わせることに目を向け，拍に合わせて表現する必要があることに気づけるよう，演奏を録画し，仲間と表現を聴き合う場を設定した⊕。

T	なんで合っていないのかな。
彩子	う～ん……。（決めた）三つ（の音色）は（様子に）合っているんだけど，<u>最後</u>が合わない。なんでなのかわからない。

（11月10日　彩子との対話記録）

彩子は，曲の終わりよりも早く終わってしまう自分の表現と，曲と同時に演奏が終わる仲間の表現を聴き比べ，演奏の「最後」が合わないことに目を向けた。彩子の表現は，拍に合っていないため，演奏の終わるタイミングが毎回違っていたのだ。しかし，**彩子は，合わない理由や合わせる方法までは，わからずにいた。彩子は，まだ拍に合わせて表現する必要に気づけていないことがうかがえた**◉。そこで，仲間の考えから拍という視点に気づけるように，追求を見直すかかわり合いを設定した⊕。

佐和	96	なんで合っているのかわからない。これから，<u>どうやって考えれば</u>よいのかもわからない。
T	97	佐和さんは，わからなくて困っているんだね。どうやって考えれば曲に合いそうかな。
武志	98	考えた音を，<u>タンタンタンタン</u>って，曲に合わせてやるとよい。
順也	99	ぼくは，曲に合わせるためには，（頭を上下に振りながら）<u>頭でこうやれば</u>，たぶん合わせられると思う。それは，拍を数えられるから。だから合わせられると思う。
昌樹	100	曲に合わせるのが難しいなって思っているんだけど，今から1回，<u>やってみたい</u>なあって思った。
Cn	101	今から試してみたい。

（11月17日　追求を見直すかかわり合い　授業記録）

安易に満足をしていたり，まだ改善できることがあるかもしれないと考えていたりする彩子。このまま追求を続けても，何をしていけばよいのかが具体的にわからず，追求が停滞してしまうだろう。彩子に自分の追求の足りなさに気づかせることで，新たな視点を得ようとすることにつながると考えた。

演奏を録画し，聴き合う場の設定
（p.64※1）

「最後が合わない。なんでなのかわからない」と彩子は困り果てている。このタイミングであれば，仲間の表現のよさに目を向けることで，解決策を探そうとし，拍の視点を得ることができると考えた。

追求を見直すかかわり合いの場の設定
（p.64※2）

音
楽

かかわり合いでは，彩子と同じようにうまく曲に合わずに困っている佐和が，佐和96「どうやって考えれば」と語った。その後で，教師は，拍を意識して表現ができている武志と順也を意図的指名した。武志98「タンタンタンタン」と頭のなかで考えながら表現の仕方を語り，順也99「頭でこうやれば」と頭を上下に振って拍を取りながら，表現の仕方をやって見せた。二つの具体的な表現の仕方を見た後で，昌樹100「やってみたい」の発言をきっかけに，彩子を含む多くの子どもたちが，「今から試してみたい」と口々に言いだした👁。そこで，どの拍の取り方で追求を進めていけば，曲に合わせて表現していけるかと方向性をはっきりさせることができるように，仲間の表現の仕方を試す場を設けた🈯。

> さいごの音が　きれいに　出せなかったけれど，これで出せそうだと　おもいました。きょくに　あわせるには，たけしくんの　タンタンが　よいとおもいました。あとすこしです。
>
> （11月17日　彩子の追求を見直すかかわり合い後の学習記録）

　彩子は，頭を上下に振る順也の表現の仕方を試して，しっくりといかない様子を見せた。その後，武志の表現の仕方を試すと「タンタンが　よい」と，この拍の取り方が自分には合っていると考え，「これで出せそう」と，追求の方向性を明確にした。そこで，自信をもってひとり調べに向かえるように，考えを認める朱記をした。

拍を感じながら，自信をもって表現をする彩子

　武志の考えを取り入れた彩子は，左手で拍を取りながら演奏の準備をするようになった。拍を感じられるようになったことで演奏の長さが安定し，次のような表現ができるようになった。

彩子の演奏	ガタガタ	ガタガタ	すー	すー	ザザー	ザザー	すー	すー
拍の流れ	●●●	●●●	●●●	●●●	●●●	●●●	●●●	●●●

彩子の演奏	すー	すー	ガタガタ	ガタガタ	ガタガタ	チリン	チリン	チリン
拍の流れ	●●●	●●●	●●●	●●●	●●●	●●●	●●●	●●●

「今から試してみたい」と仲間の拍の取り方への関心が高まっている。このタイミングで，試す時間を設ければ，どの拍の取り方が自分に合っているのか，曲に合わせられるのかに目を向けることができると考えた。

仲間の表現の仕方を試す場の設定
（p.64※３）

彩子は，拍を感じながら曲に合わせられるようになった。そして，いつでも曲と同時に演奏を終えられるようになったことで，両親や弟に聴かせたいと考えた👁。そこで，完成した演奏を録画し，タブレットを持ち帰り，家族に見せる場を設定した🔧。弟に，「ゴーカートに乗りたくなった」と言われ，追求してきた表現を家族に認められたことで達成感を得ることができた👁。そして，音色や拍について考えてきた自分の追求に価値を感じることができるように，核心に迫るかかわり合いを設定した🔧。かかわり合いで，正隆が，「2拍または4拍ごとに表現したい様子を変えていけば最後に演奏する鈴の音が入れられる」と，拍の大切さについて語った。

> 今日，気づいたことが あります。まさたかくんの1・2・3・4という いけんで，どうがを見て，わたしにもありました。大せつなことが わかったから，わすれても だいじょうぶです。
> （12月7日　核心に迫るかかわり合い後の彩子の学習記録）

かかわり合い後，彩子は「わたしにも」と，自分と同じように拍を感じて表現している正隆の考えを聞くことで，自分がイメージするゴーカートの様子をいつでも曲に合うように表現するためには，拍を感じて表現することが大切だと実感した👁。そこで，教師は，自己の成長を自覚できるように，学びを振り返る場を設定した🔧。

完成した表現を称賛されれば，粘り強く追求してきたことが認められたと気づき，達成感を得るだろう。そして，学びを振り返ったときに，自己の成長を自覚できると考えた。

完成した表現を披露し，感想を聞く場を設定　　（p.64※4）

彩子は，完成した表現を家族に認められたことで自信を高めている。このタイミングなら，拍の大切さに気づき，追求に価値を見いだすことができるのではないかと考えた。

核心に迫るかかわり合いの設定

追求に価値を見いだしているタイミングなら，自己の成長を自覚することができると考えた。

学びを振り返る場の設定

> 今までとても大へんでした。－〈略〉－　かんせいして うれしかったです。つたえられて うれしかったです。ひょうげんしたい音が つたえられて よかったです。
> （12月12日　彩子の振り返り作文）

彩子は，「うれしかった」と繰り返し，完成した表現を家族に伝えられた喜びを感じている。そして，「今までとても大へん」と，様子に合う音色を探したり，自分に合った拍の取り方を考えたりしてきたことを振り返り，粘り強く追求してきた表現が伝えられたと，自己の成長を自覚する姿があった。

このように，彩子は，粘り強さをはたらかせながら，様子に合う音色や，曲の合わせ方を追求してきた。完成した表現を家族から称賛され，自らの表現のよさを実感することで，自己の成長を自覚するに至ったのである。

図画工作科

1 図画工作科における教科・領域特有の資質・能力

図画工作科では，「自分の想い」を具現化するために，粘り強く追求し，その子らしい色や形で豊かに表現する子どもの姿を求めていく。造形活動をとおして，仲間の想いや表現にふれることで，子どもたちは，自らの表現を深め，拡げていき，自分の想いを色や形で表現する喜びを感じていく。そこで，わたしたちは，図画工作科で高めたい教科・領域特有の資質・能力を次のようにおさえた。

本校の図画工作科では，「想い」と「自分の想い」について次のように定義づけている。

※想い……心をゆさぶられる「人・もの・こと」に出会うことで生まれる強い感情を表現しようとする学級全体の意識。

※自分の想い……「想い」をもった後，造形美に出会うことで，想いを具現化するために，「自分ならこんな感じに表現したい」など，一人一人の子どもがもつ対象に向けられた個の意識。

○自分の想いを色や形とつなげて構想する力

材料や用具など教材のもつ特性に応じて，自分のなかにあるイメージをふくらませたり，相手のことを意識して伝えたいことを考えたりしながら，自分の想いをどのように色や形で表現すればよいかを考え，構想する力。

○色や形を取捨選択しながら表現する力

色や形といった造形要素を駆使しながら，自分の想いを具現化するための表現方法を試行錯誤するなかで，「この色よりも」「もっとこの形のほうが」など，より自分の想いに近づけるためにふさわしい色や形を取捨選択し，表現する力。

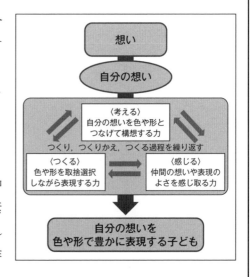

○仲間の想いや表現のよさを感じ取る力

造形活動をとおして仲間とかかわることで，仲間の想いや表現にふれ，色や形といった造形要素を根拠にしながら，そのよさを感じ取る力。これにより，自分の表現を見つめ直したり，互いの作品の変容を振り返ったりすることにつながる。

2 夏子をとらえ，願いをかけ，教材を選定する

2年3学級の実態

　自分の想いを表現するためには，大きさを意識し，注目してほしい部分を強調させて目立たせるとよいと考えている。仲間の考えやがんばりを素直に認めることができつつある。

夏子のとらえと願い

【非認知的能力の視点からのとらえ】

　仲間のよさを素直に認めることができる一方で，自分のよさには目が向きにくく，自信がもてない。音楽集会で全校児童にほめられた経験から自分の演奏に満足感を得ていたため，仲間から認められる経験を積み重ねれば，自分のよさに目を向け，自信がもてるのではないか。

【教科・領域特有の資質・能力の視点からのとらえ】

　がんばっている自分を粘土の絵で表現した際には，遊具を握る手を大きく目立たせることで，自分の想いを具現化した。一方，背景に対しては「まっ白でつまらなかった」と物足りなさを感じるなど，背景の表現を含む作品全体に目が向けられるようになってきているのではないか。

【夏子への願い】

　仲間の考えを素直に認められる夏子だからこそ，仲間の表現方法のよさを試したり，取り入れたりしながら，色や形をもとに画面全体を意識した表現方法を追求することで，自分の想いを具現化した作品や満足のいく作品をつくることができたと自信をもってほしい。

「蛍光絵の具を使ったスタンピングによる花火づくり」の教材としての価値

　打ち上げ花火を間近で見て感じた迫力を，蛍光絵の具と半球の発泡材を用いて，黒い寒冷紗にスタンピングで表現する。花火をテーマにすることで，大きさや，垂れていく様子など，画面全体を意識して表現できる。また，3枚の寒冷紗を使い，打ち上げから消えるまでの変化する花火の様子を表現できるようにする。子どもたちは，花火の迫力を表現するために，色や形などを考え製作していくだろう。（※教材についての詳細は p.73参照）

【追求の壁】

　より花火の迫力を出すために，だんだんと広がっていく様子や垂れていく様子など，時間とともに変化する花火の様子に合った色や形（大きさ）を考えて表現する必要が出てくる。

【この教材ではたらきやすい非認知的能力】

　共通体験をもとに製作するため，共感性がはたらきやすく，仲間の表現方法を試したり，取り入れたりして試行錯誤することで，自分の想いを具現化した作品ができ，自信がもてる。

【この教材で高められる図画工作科における教科・領域特有の資質・能力】

　花火の迫力を表現するために，色や形（大きさ）にこだわりながら画面全体を効果的に使えるよう繰り返しつくることができ，自分の想いを具現化する力を高めることができる。

図画工作

3　単元の流れと教師支援

単元名「わくわく　ぽんぽん　夜空に光れ　はくりょくまんてんの花火！

　　　　　　　　　　　　　―スタンピングによる花火づくり―」（18時間完了）

○ひとり調べの時数　　◎かかわり合いの時数　　[　　　　]問い　　◆ほりおこし

<table>
<tr><td colspan="2">

花火師さんの話を聞いて花火を見たよ
- 連続の花火がすごかったよ　・花火の種類や重さがわかったよ ①
- 近くで見ると大きくて迫力まんてんだったよ　・また見たい
- 家族にも花火の迫力を伝えたい

迫力のある花火をつくってみるよ
- 小さな花火をつくったよ　　　　・違う色を使ってつくったよ ④

問いを生むかかわり合い　　　　　　　　　　　　　　　　　　 ①

きれい	目立つ	ごうかい
・飛び散るように くねくね押したよ	・明るい色を使って 目立たせたよ	・スタンプの大きさ を変えて押したよ

[色や形，押し方を考えて迫力のある花火をつくりたいな]

色や形	押し方 ⑤
・明るい色にしたよ　・小さくしたよ ・真ん中に大きく一 　つ　　　　　・小さい花火を 　　　　　　　たくさん	・見ている人にどきどきを伝 えるために，花火が垂れて いくようにしたよ

　　　　　　　・本当に迫力のある花火になっているのかな ※1

追求を見直すかかわり合い　　　　　　　　　　　　　　　　　 ①

〈迫力のある花火にするために考えたこと〉

色	大きさ	動き ※2
・目立つ赤や ピンクは， 濃く押すよ	・1枚目は小 2枚目は中 最後は大	・消えていく ように花火 の順番を考 えたよ　・だんだん垂 れていって 最後に爆発 するよ

[色や大きさ，動きを考えると，もっと迫力が出そうだな]

色や形	動き ③
・黄色とオレンジの絵の具を使っ て，迫力を出すよ ・爆発のところをもっと大きくし たよ	・連続で上がるように花火を重ね たよ ・消えていくように花火の数を考 えたよ

2年3学級花火大会を開いて花火を見てもらおう ※3 ①
- 色や形を変えることで花火の動きを表現できたよ
- 迫力のある花火だねって言ってもらえてうれしいな

核心に迫るかかわり合い　　　　　　　　　　　　　　　　　　 ①

〈花火を見てもらって思ったこと〉

色や形		動き
・最後の花火をもっと 大きくしたよ	うれしい 伝わった	・時間が経って，消え ていくようにしたよ

[色や形，動きを考えたから，迫力のある花火になったよ]

学びを振り返るかかわり合い　　　　　　　　　　　※4　　　 ①

仲間からの学び	自分の成長	図画工作科の学び
・仲間のアドバイス で迫力が出せたよ	・自分のつくった花火 に自信がもてたよ	・全体を見て，色や 形で考えられたよ

</td></tr>
</table>

[教師支援]

◆　蛍光絵の具や蓄光粘土で遊ぶことで，暗闇で光る現象はおもしろく，見ている人を楽しませることができるという意識をほりおこす。

※1　互いの作品を見合った後，仲間からよさを認めてもらい**自分の作品や表現方法に対する自信をもち始めた**ところで，迫力の伝わる表現になってきていることを実感できるように，作品のよさを認める対話をする。　　　　　　　（p.74）

※2　**自分の作品に自信をもち，追求に対して前向きになった**ところで，仲間の多様な表現に目を向けてさらに追求に勢いをつけるために，追求を見直すかかわり合いを設定する。そして，見直しの視点を明らかにするために，アドバイスをし合う場を設定する。（p.75）

※3　**作品が完成し，これまでの追求に対し自信が高まってきた**ところで，色や形を考えてきたことで，花火の迫力を表現できたのだと実感できるように，自分のことばで工夫点を語り，他者評価を受ける場を設定する。　　　　　　（p.76）

※4　**つくってきた作品に満足感や達成感を感じた**ところで，学びを振り返り，自己の成長を自覚できるように，自分が成長したことと，その理由を振り返り作文に書く場を設定する。　　　　　　　　（p.77）

72

4 自分の想いを具現化する表現方法を見つけ，自信をつけていく夏子

「花火が，だんだん垂れていって，地面ぎりぎりで爆発するところを表しました。ごゆっくりご覧ください」

自分の想いをはっきりさせて製作に入った夏子だが，途中で本当に迫力が出ているか不安になり，追求の勢いがなくなっていった。そんな夏子にとって，自分の作品を見つめ直すきっかけとなったのが，仲間の表現やアドバイスだった。そして，完成した迫力まんてんの花火。今まで自分の考えや作品に自信が

ここ，よく見て！

もてずにいた夏子だったが，2年3学級花火大会ではグループの代表となり，自分たちが表現した花火について堂々と語った。その語りや表情には，作品に対する自信があふれていた。

夏子にこのような姿が見られるに至った経緯を以下に述べていく。

【スタンピングに使う材料や用具】
・直径が2cm，6cm，10cmの3種類の球体の発泡材を半分にし，半球状にして使用。

発泡材

・ブラックライトを当てることで，より際立って見える蛍光絵の具を使用。

蛍光絵の具

【作品の展示や鑑賞の仕方】
・支持体には，目の粗い黒い寒冷紗を用いる。約20cm間隔で寒冷紗を吊し，下からブラックライトを当てて鑑賞する。透過性があるため，ライトを当てた面だけが光る。1枚目，2枚目，3枚目と順番に光りを当てていくことで，光りを当てた面だけを光らせることができ，時間とともに花火の形が変わっていく様子を表現することができる。
・ライトを点滅させたり，上から下に向かって光りを当てたりすることで，さらに表現や鑑賞の幅が拡がる。

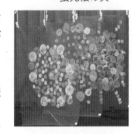
3枚を吊した様子

自分の想いをもち，追求に向かう夏子

夏休みの思い出を紹介し合った際，多くの子どもが3年ぶりに開催された岡崎市の花火大会について語った。花火の迫力に魅力を感じ，もう一度見たいと思っていた子どもたちのために，花火師を招いて，運動場で花火を打ち上げてもらう機会を設けた。子どもたちは，目の前で上がる花火に目を輝かせ，圧倒されていた。花火の感想を交流するなかで，自分たちが感じた花火の迫力を伝えたいという想いをもった。そこで，蛍光絵の具を使ったスタンピングによる花火づくりに出会わせた。子どもたちは，自分たちが感じた花火の迫力をスタンピングで表現できそうだと考え，それぞれが自分の想いをもった。そして，自分の想いと色や形といった造形要素をかかわらせることで，「色や形，押し方を考えて迫力のある花火をつくりたい」と問い

が生まれ，追求に向かった。自分に向かってくる花火の迫力に心をゆさぶられた夏子は，「隕石が落ちてくるみたいに，どきどきはらはらする花火」とイメージをふくらませて製作し始めた。そして，1枚目の真ん中あたりに，高さを意識しながら小さなスタンプを二つだけ押した。2枚目は，1枚目と同じ場所に色を変えてスタンプを押し，下に向かって垂れるように小さいスタンプを並べた。3枚目は「はじめの花火から，どうなる，どうなるってなって，隕石みたいに落ちてきて，大きく爆発する感じにする」と，画面下ぎりぎりの場所に爆発の様子を表す形をつくった。1，2枚目は，爆発までの流れの一部であり，3枚目の最後の爆発が一番迫力を出したいところだと考えたのであった。

1枚目　　　2枚目　　　3枚目

画面全体を意識し，色にこだわって追求していく夏子

　作品ができたところで，花火の迫力を表現した作品になっているか，互いの作品を見合う場を設定した。子どもたちは，迫力という視点で相互鑑賞し，よさを書いた感想カードを交換し合った。**仲間からもらった感想カードを読む夏子の表情は真剣だった**。自分の表現したい迫力を相手が感じているのかを必死で確認している姿をとらえた教師は，自分の作品のよさに目が向けられるように，夏子と対話をした。

T	迫力を出すために何を考えてつくったの？
夏子	隕石みたいなのにしたかったから，色かな。
T	色をどんなふうにしたの？
夏子	隕石が落ちてくるみたいにはらはらさせたいから，<u>熱い色</u>にした。
T	熱い色って？
夏子	紅（べに）。
	－〈略〉－
T	迫力を出すために，色を工夫したんだね。友だちに迫力は伝わったのかな？
夏子	うん。シャワーみたいとか，いろんな色を使ってきれいとか，時間が経ってるみたいって書いてあって，書いてあることが<u>当たってた</u>。隕石みたいで細長くてはらはら。伝わってると思う。
T	自分の表したいことが伝わってよかったね。
	（11月9日　夏子との対話記録）

　夏子は，迫力のある花火を表現するために，色にこだ

…非認知的能力の視点でとらえた子どもの姿

…非認知的能力に着目した教師支援

　自分の考えのよさに目が向きにくい夏子は仲間からもらった感想カードをじっくり読むなど，自分の表現したい迫力が仲間に伝わっているのか気になりだしている。このタイミングで対話をし，仲間からの感想をもとに，迫力が伝わる表現ができていることを感じることができれば，自分の作品のよさに目が向くのではないかと考えた。

作品のよさを認める対話　（p.72※1）

わっていた。落ちてくる隕石をイメージしながら「熱い色」を意識して作品を構想し，紅（赤），オレンジ，黄色といった暖色系の色を使い，自分の想いを具現化していた。そして，「当たってた」と，自分の想いが作品を介して伝わり，仲間が理解してくれたことに喜びを感じていた。**夏子は，自分の作品のよさに目を向けていた**👁。ここで，仲間の想いや表現にふれ，新たに形という視点に気づくことで，さらに追求に勢いがつくのではないかと考え，教師は追求を見直すかかわり合いを設定した🖐。

形（大きさ）に目を向け始める夏子

由季 49		わたしは，大きくてでっかい迫力のある花火をつくりました。なぜかというと，大きいほうが目立つからです。あと，本物の花火を再現するために，どんどん数を増やしてみました。でも，<u>迫力がなくて</u>困ってるんだけど，みんなはどう思いますか？
	― 〈略〉 ―	
夏子 83		どうして3枚目の爆発を<u>小さくした</u>かというと，小さくするのはわざとで，それで，でかくするのも迫力が出るんだけど，こうやってなってから，爆発を大きくするのは，あんまり<u>合わないかな</u>と思ったからです。
真実 84		これってどんなとき？上がってくとき？

（11月18日　追求を見直すかかわり合い　授業記録）

　かかわり合いのなかで，由季49「迫力がなくて」と，花火を大きくしてみたものの迫力が出なくて困っていることを，由季は語った。困っている由季に対し，子どもたちは，色や大きさの視点から解決策を伝えた。すると夏子は，自分が追求してきた色ではなく，大きさの視点で自分の花火について話し始めた。仲間の考えを聞いて，**3枚目の爆発について夏子83「小さくした」と語り，大きさの視点で自分の作品を見つめ直したが，夏子83「合わないかな」と，爆発部分を大きく表現することに対して，夏子は，曖昧に話した**👁。大きさの視点に目が向いたものの，表現方法に迷っている夏子。ここで，大きさを視点にした表現方法のよさを感じ取れるようにするため，アドバイスをし合う場を設定した🖐。

自分の表現したい迫力が仲間に伝わったため，自分の作品のよさに目が向いている夏子。このタイミングならば，形（大きさ）の視点で追求している仲間の考えにふれることで，自分の追求してきた色の視点を大切にしながら，新たな視点を取り入れ，さらに追求に勢いがつくのではないかと考えた。

追求を見直すかかわり合いの設定（p.72※2）

仲間の考えを聞くことで，大きさの視点で自分の作品を見つめ直し始めた夏子。自分の曖昧な部分を感じているこのタイミングで，仲間から大きさについてのアドバイスをもらうことで，大きさの視点で作品と向き合い，さらに迫力のある花火へと追求が深められるのではないかと考えた。

アドバイスをし合う場の設定（p.72※2）

図画工作

夏子は，隕石みたいに落ちてきて，どきどきはらはらし，最後に大きく爆発する様子を表現したいという自分の想いを理解してくれていた亮太から，「爆発をもっと大きくしたら，もっとはらはらするんじゃないかな」と，アドバイスをもらった。亮太からのアドバイスを受けた夏子は，爆発を表現した３枚目の花火にスタンプをつけたし始めた。中心から外側に向かって広がるように押していき，一番外側の部分は花火が飛び散っている様子を表そうと，間隔を空けてスタンプを押した。そして，もとの形よりも一回り大きな花火となり，垂れてきた花火が爆発する場面を，画面の余白を生かして表現した。

３枚目を工夫したよ

> りょうたくんのアドバイスみたいにやってみたらヤバくできた。<u>自分なりには</u>うまくできた。ばくはつしたまわりの丸は，とびちっているみたいにするためにやった。けっこうばくはつを大きくできた。
>
> （11月24日　夏子の学習記録）

夏子は，アドバイスしてもらい，大きさの視点で作品を見つめ直したことで，自分の想いに迫る作品になったと感じていた。しかし，「自分なりには」と，自分では納得する作品にできたと感じているが，**花火の迫力が見る人に伝わるものになっているのか，自信がもてずにいた**👁。このタイミングで，迫力が伝わる表現ができたと実感できるように，ペアの５年生に鑑賞してもらい，他者評価を受けるための花火大会を開いた🔖。花火大会では，追求してきたことを語ったうえで，ペアの５年生に鑑賞してもらった。当日，自分の想いをどのように具現化したのか，これまでどんな追求をしてきたのか，ペアの５年生に存分に語る夏子の姿があった。

> －〈略〉－「すごいじゃん！！！」と言われてうれしかったです。しかもわたしの<u>そうぞうしていた</u>声の大きさよりもっと大きかったです。1まい目の丸を2まい目もつかったんだよ，と言って，ここ色が少しちがうんだと言ったら「ほんとだ」と言ってくれました。わたしが考えていたところに<u>気づいてくれて</u>うれしかったです。
>
> （12月7日　夏子の学習記録）

作品を見たペアの反応は，夏子が「そうぞうしていた」以上のものだった。さらに，今まで追求してきた色

新たな視点で追求したことで，完成した作品に変化を感じてはいるものの，はっきりとした自信は得られないでいる。ここで，自分の作品について語り，他者から称賛の評価を得る場を設定することで，今までの追求に価値を見いだしたり，自分の想いが伝わったと実感したりすれば，夏子の自信は確かなものになるのではないかと考えた。

自分の作品について語り，他者評価を受ける場の設定
（p.72※3）

や形の表現に「気づいてくれ」たことに喜びを感じ，満足感を味わった。子どもたちが作品に満足感を得たところで，なぜ自分の表現が伝わったのかを考えることで，色や形について，自分が追求してきた表現方法に価値を見いだせるように，核心に迫るかかわり合いを設定した。

> 自分の想いを，大きさを変化させることで表現しようと追求してきた真由に対して反応を見せた夏子。夏子自身が，形（大きさ）の視点で追求を見直してきたからこそ，真由の作品を認める発言をしたのではないか。ここに，形の視点での追求のよさを実感する夏子の姿がある。このタイミングで今までの追求を振り返ることで，自己の成長の自覚につながるだろうと考えた。

```
真由28  －〈略〉－ 次つくったときに，わたしは，さっきのこ
        れを緑いやつをなくしてみたら，なんか小中大になった
        感じがしたので，文哉君のおかげだと思いました。
        －〈略〉－
T   32  真由さんの，どうだった？
夏子33  なんかさ，ちゃんと小中大になってさ，これはさ，絶対に
        さ，迫力っていうかさ，自分の考えが伝わるなって思った。
                    （12月12日 核心に迫るかかわり合い 授業記録）
```

かかわり合いのなかで，真由28「小中大になった」と，真由は，大きさに着目した発言をした。続けて，夏子33「絶対に」と，3枚を使ってだんだん大きくなっていくように表現したことで伝わったと発言した。夏子は，作品の**形（大きさ）**の変化によさを感じることができたのだ👁。自分の追求に満足し，仲間の追求のよさまで感じることができたところで，これまでの学びを振り返るために，振り返り作文を書く場を設定した㊗。

> 振り返り作文を書く場の設定（p.72※4）

```
やよいちゃんやりょうたくんのアドバイスでいろいろなけいけんができて，どうやってつくるかはっきりした
からプリントにふりかえりをたくさん書けるようになったし，つくるときのじしんもでてきた。ようするに，友
だちのおかげでうまくつくれた。
                                        （12月12日 夏子の振り返り作文）
```

夏子は，「アドバイスで」と，大きさの視点で自分の作品を見直し，爆発を大きくすることで迫力のある花火を表現することができたと振り返った。より自分の想いに近づけるためにふさわしい形を選択し，表現できたことが，夏子の自信につ

1枚目　　2枚目　　3枚目

ながったことがわかる。これを，「友だちのおかげ」と振り返る夏子は，自分の想いを具現化できたきっかけとなった仲間の表現やアドバイスに目を向け，自己の成長を自覚していた。

このように，夏子は，共感性をはたらかせ，仲間とともに自分の想いを具現化する表現を追求し，自分の作品や表現することができたことに満足し，自信をつけた。そして，この成長を振り返り，自己の成長を自覚するに至ったのである。

図画工作

家庭科

1 家庭科における教科・領域特有の資質・能力

　　家庭科では，くらしにおける「人・もの・こと」に出会い，実践的・体験的活動をとおして，対象を深く見つめ，くらしを工夫し，よりよくしようとする子どもの姿を求めていく。そこで，わたしたちは，家庭科において高めたい教科・領域特有の資質・能力を次のようにおさえた。

○くらしにおける「人・もの・こと」の背景を考える力

　　表面的なことに留まらず，対象に込められた思いやかかわる人などにまで目を向けて考える力。

○論理的・心情的な視点から，くらしの工夫を考える力

　　機能性，効率性，快適性，持続性，健康面，安全面といった論理的な視点や，楽しさ，うれしさ，おいしさ，癒しといった心情的な視点から，対象を見つめ，よりよいくらしにするにはどうしたらよいかを考える力。

　　※くらし……家庭生活のみならず，消費や環境，福祉，情報，生活文化など，家庭生活を取り巻く様々な状況を含んだ生活の営みのこと。

　　※対象………家族や家庭生活，衣食住，消費や環境などに係る，生活の営みを学ぶために扱う教材・教具のこと。

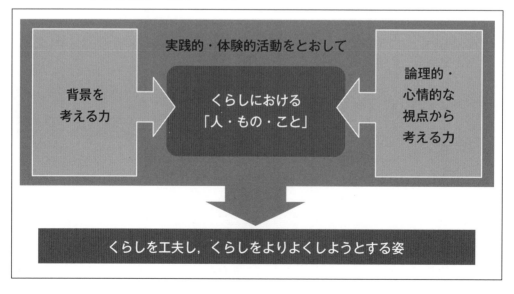

2　麻結をとらえ，願いをかけ，教材を選定する

5年3学級の実態

　調理に興味をもち，身につけた技能で家族の役に立ちたいと思っている。一方で，習い事や親の仕事の関係で，家族と過ごす時間が減っていると感じている子どもも多い。

麻結のとらえと願い

【非認知的能力の視点からのとらえ】

　一輪車に乗れるまで毎日練習をしたり，授業中では書き足りないと家に持ち帰ってまで学習記録を書いたりするなど，地道に努力できる粘り強さがある。懇談会での母親の話から，このように地道に努力している姿をまわりの人に評価され，認められてきたからだと思われる。

【教科・領域特有の資質・能力の視点からのとらえ】

　簡単に作れるという効率性の視点から，給食の献立のレシピを作った。そのレシピをもとに，家庭でもみそ汁を作り，家族にほめられたことを喜んでいた。その後，調理に興味をもつ姿を見せた。家族にほめられることが麻結の喜びや，活動の原動力になっていると思われる。

【麻結への願い】

　家族やまわりの人からの承認によって，自己肯定感を高め，積極的に活動できる麻結だからこそ，授業の時間だけでなく，日常生活のなかでも，家庭生活にかかわる家族の思いや背景にまで目を向けることで，家族の一員としてくらしを工夫できるようになってほしい。

「正月の団らん準備」の教材としての価値

　家族のために正月の団らんの計画をするなかで，家族との団らんの時間の大切さや，家族とのつながりを実感できる。家庭の状況により，団らんのかたちが違うことを理解し，家族の一員として，自分の家庭に合った団らんを考え，くらしを工夫しようとすることができる。

【追究の壁】

　自分が考えた団らん計画が，自分の家庭に合った計画ではなかったり，実現できない計画であったりするだろう。そこで，仲間の各家庭に合った考えを聞くことで，自分の家庭生活を見つめ直し，自分の家庭に合ったよりよい団らんを求めていく必要に迫られるだろう。

【この教材ではたらきやすい非認知的能力】

　冬休み中に計画した団らんを実践することで，自分が家族の一員として力になることができたという達成感をもち，自己肯定感を高めることができる。そして，もっと家族の力になりたいという思いから，くらしをよりよくしようと積極性がはたらきやすくなる。

【この教材で高められる家庭科における教科・領域特有の資質・能力】

　家族の家庭生活への思いに目を向けるなかで，自分と家族とのつながりに気づき，家族の一員であることの意識を高めたい。そして，家族との会話やふれ合う場とその時間を生み出す方法，生活を楽しくする方法を考える力の高まりが期待できる。

家庭

3 単元の流れと教師支援

単元名「心ほかほか　家族で団らん　わが家の年中行事」

(20時間完了)

○ひとり調べの時数　　◎かかわり合いの時数　　[＿＿＿＿＿]問い　　◆ほりおこし　　◇事前学習

┌─────── 正月料理と正月飾りを作ってみたよ ───────┐
・おせち料理を初めて作ってみたよ　　　　　　　　　　　④
・正月料理や正月飾りには，それぞれ意味があるんだね
・知らないことがたくさんあったよ

問いを生むかかわり合い
┌─────────────────────────────────┐①
│　　　正月について　　　　　　　　正月の過ごし方について　│
│・正月料理や飾りには様々な　　　・家族や親戚と過ごすから，特別│
│　意味がある　　　　　　　✕　　な過ごし方　　　　　　　　　│
│・正月料理を作ってみたい　　　　・家庭ごとに過ごし方が違う　　│
└─────────────────────────────────┘

┌─────────────────────────────────┐
│　　　　　　　　　　家族のために，　　　　　　　　　　　　　│
│　　　自分の家庭に合った正月の団らんについて考えていきたいな│
└─────────────────────────────────┘

　　　正月への準備　　　　　　　　正月の過ごし方　　　⑥
・正月料理がうまく作れたよ　　　・ゆっくり過ごしたい　　　※1
・祖母に作り方を聞いてみるよ　　・コロナで集まれない
　　　・わが家の正月の団らんはみんなと違うのかな

追究を見直すかかわり合い　　　　　　　　　　　　　　　※2①
┌─────────────────────────────────┐
│　　　〈正月の団らんについて考えてみて思ったこと〉　　　　│
│　正月（年中行事）──→（つながり）←──　　団らん　　│
│・家庭や地域ごとに　　・年の始めに家族や　　・家族と一緒に過ご│
│　伝わるものがある　　　親戚とのつながり　　す時間をつくりた│
│　んだね　　　　　　　　を感じられるね　　　い　　　　　　　│
│┌───────────────────────────────┐│
││つながりを大切にして，自分の家庭に合った正月の団らんの仕方を見つけたいな││
│└───────────────────────────────┘│
└─────────────────────────────────┘

　　　正月料理・飾り　　　　　　家庭の伝統　　　　　心のつながり⑥
・家族のために家族の　　　・わが家ならではの　　　・家族が笑顔になれ
　好みを考えて作るよ　　　　お雑煮の作り方を　　　ることがしたいな
　　　　　　　　　　　　　　教えてもらうよ　　　　　　　　　※3
・自分の家に合った正月の団らんの計画ができたよ　　　　　　※4
・冬休みに実際にやってみるよ

核心に迫るかかわり合い　　　　　　　　　　　　　　　　　①
┌─────────────────────────────────┐
│　　　　〈正月を家族と過ごしてみて思ったこと〉　　　　　│
│　　日本の伝統　　　　　　団らん　　　　　家族とのつながり│
│・年中行事のお祝い　　・正月の団らんだけで　・一人一人が家族の│
│　は，季節を感じら　　　なく日常生活でも団　　ことを考えて過ご│
│　れてよいね　　　　　　らんの時間をつくり　　していたんだ　　│
│　　　　　　　　　　　　たい　　　　　　　　　　　　　　　　│
│┌───────────────────────────────┐│
││これからも家族に合った団らんの時間を大切にして，つながりを深めたいな││
│└───────────────────────────────┘│
└─────────────────────────────────┘

・日常生活のなかでできる家族との団らんを考えてみたいな
・家族が喜んでくれるとうれしいね

学びを振り返るかかわり合い
┌─────────────────────────────────┐①
│　　仲間からの学び　　　　　自分の成長　　　　　家庭科の学び│
│・家庭によっていろい　　・家族にほめてもらっ　・日常生活でも家庭│
│　ろな過ごし方がある　　　て自信がついたよ　　　に合った団らんを考え│
│　んだね　　　　　　　　　　　　　　　　　　　えていくよ　　│
└─────────────────────────────────┘

────────────────────────

[教師支援]

◆　家族で手伝いをすることに取り組み，家族から感想を聞くという経験を重ねることで，家族に喜んでもらえるとうれしいという意識をほりおこす。

◇　様々な年中行事（十五夜や秋分の日，敬老の日など）に目を向け，そのよさを知ることができるように，それらを調べたり，実践したりする場を設定する。

※1　自分で作った料理に満足したところで，家族に合うという視点をもって追究しようとする姿を引き出すために，それぞれの団らんへの考えを整理する対話をする。　(p.82)

※2　家族との団らんに目を向けて，共感性がはたらきやすくなったところで，各家庭に合った団らん計画を考えられるように，追究を見直すかかわり合いを設定し，家庭に合う団らんについての方法を考えている子どもを意図的指名する。　(p.83)

※3　今までの団らんの準備を振り返り，粘り強さをはたらかせながら追究してきたことを実感したところで，積極性をはたらかせながら，冬休みに家族のことを考えて準備してきた団らんを実践できるように，追究してきた姿を認める朱記をする。　(p.84)

※4　冬休み中に団らんの計画を実践し，家族と過ごすことのよさを十分に味わい，達成感を感じたところで，日ごろの家族の団らんへの思いを考えられるように，核心に迫るかかわり合いを設定する。

4　積極性をはたらかせて，くらしをよりよくしようとする麻結

「先生，この前，家族でサクサクドーナツを作ったよ」

家族とのお菓子作りを得意気に伝える麻結。麻結にとっ
て，家族と一緒にお菓子を作る時間は担任に伝えたいほど
特別なのだ。麻結は，よく家族と過ごす時間を増やしたい
と語っていた。それは，自分の習い事や家族の仕事の関係
で一緒に過ごす時間が少ないからであった。そんな麻結が，
学習記録に「この授業で，どうしたら家族といる時間を増

家族とドーナツを作ったよ

やせるのだろうと思いました」と，家族との時間を作りだそうと動き始めたきっかけを記した。
麻結が，家族の一員として，自ら一緒に過ごす時間を生み出していった経緯を以下に述べてい
く。

家庭に合った団らんを考えて正月の準備をする麻結

花見や七夕など，一部の年中行事を意識しながら過ご
している子どもたち。麻結は，十五夜の日，母親と級友
の咲良と一緒に市内の見晴らしのよい公園でお月見をし
て過ごした。多くの子どもたちが，十五夜の過ごし方を
話題にしていたので，このタイミングなら，正月を初め
とする他の年中行事にも目を向けるのではないかと考え，
十五夜の過ごし方を学級で振り返った。そのなかで，日
本の年中行事に興味をもった子どもたちは，様々な年中
行事の過ごし方や行事食などについて調べ始めた。そこ
で，子どもたちに，正月料理のおせち，正月飾りのしめ
縄に出会わせた。子どもたちは，正月料理や正月飾りに
ついて調べ，作れそうなものを作った。麻結は，父親に
子どもの頃の正月の過ごし方について聞き取りをした。
父親が好きな松前漬けをおせち料理入れているという話
から，父親が家族と過ごす団らんの時間や年賀状だけで
なく，おせち料理を楽しみに正月を過ごしていることを
知った。父親は，自分とは違う視点で正月を楽しみにし
ていることに，麻結は気づいたのだ。

子どもたちが正月料理や飾りについて調べたり，作っ
てみたりして，それぞれが気づきをもったタイミングで，

👁…非認知的能力の視点でとらえた子どもの姿

支…非認知的能力に着目した教師支援

麻結が作った正月飾り

家
庭

問いを生むかかわり合いを設定した。それぞれの意味を考えて正月料理や飾りを作ったほうがよいという気づきや，家庭ごとに正月の過ごし方に違いがあるため，自分の家庭の過ごし方を知る必要があるという気づきをかかわらせていった。

「家族のために，自分の家庭に合った正月の団らんについて考えていきたいな」という問いをもった子どもたち。かかわり合い後，麻結は，団らんのために自分ができることとして，正月料理を作れるようになりたいと考えた。麻結は，簡単に作ることができる，甘さ控えめの芋きんとんを作った。その後，大晦日に食べる年越しそばや雑煮の作り方を調べ，香りにこだわって作っていた。麻結は，一つずつ正月にかかわる料理の作り方を身につけていったのである。「おいしい年越しそばが完成した」と学習記録に記すなど，**料理が作れるようになる自分に満足する姿がうかがえた**👁。そこで，自分の家庭に合った料理を考えられるよう，麻結の団らんへの考えを整理できるようにするための対話をした🈡。

T	麻結さんの家の団らんは，どんな感じなの？
麻結	わたしの場合，あまり家族と団らんすることがないので，団らんするときは料理やカードゲームをしています。
T	そうなんだね。なぜ，家族と団らんすることが少ないの？
麻結	お父さんもお母さんも仕事が忙しくて，なかなか会えません。団らんの時間があっても，みんな自分のことをやりながら話してます。
T	忙しいんだね。
麻結	<u>でも</u>，ご飯を一緒に食べるだけでもうれしいです。

（11月8日　麻結との対話記録）

麻結との対話で，麻結の家族が忙しいなかでも，なんとか団らんの時間を確保しようとしていることがわかった。「でも」と，麻結が家族との団らんの時間によさを感じていることも伝わってくる。**麻結が家族との団らんに目を向けた**👁このタイミングなら，自分の家庭に合った団らんという新たな視点をもてるのではないかと考えた。そこで，仲間の正月の団らんについての考えにふれ

麻結が作った年越しそば

難しい年越しそばや雑煮を作ることができ，自信を高めている麻結。しかし，このまま追究を見直すかかわり合いを行っても，家庭に合うという視点で，自分が準備する団らんを見直せないのではないだろうか。そこで，対話で麻結の団らんへの考えを語らせ，整理することで，家庭に合うという視点をもてるのではないかと考えた。

麻結の団らんへの考えを整理する対話　（p.80※1）

家族との団らんに目を向けたこのタイミングなら，自分の家庭に合った団らんを考えている仲間の考えを，共感性をはたらかせながら受け入れることができるのではないだろうか。そして，自分の家庭に合うという視点から，団らんの準備を見直すことができるようになるのではないかと考えた。

られるように，追究を見直すかかわり合いを設定した⽀。

追究を見直すかかわり合いでは，正月の団らんについての考えを伝え合った。健太や勇希が，正月が特別であると語ったところで，ふだんから団らんできているから特別ではないと考えている洋平を意図的指名した⽀。このタイミングで，「みんなも正月は特別ではないと言っている洋平君と同じなの」と投げかけると，麻結が挙手をした。

麻結 8	ふだんは家族それぞれが忙しくしていて，なかなか家族で団らんする時間はとれないけれど，休日には，家族で団らんできています。
	ー〈略〉ー
義政 17	コロナで親戚としばらく会えていないから，会えるとよい。
直樹 18	大人の仕事の都合もある。
麻結 19	確かに。

（11月18日　追究を見直すかかわり合い　授業記録）

麻結8「なかなか」と，ふだん家族で団らんする時間がとれないことや，休日の団らんを楽しみにしていることを，麻結は語った。話し合うなかで，子どもたちは，家族の仕事やコロナ禍を理由に十分に団らんの時間がとれないという意識になった。**麻結も，麻結19「確かに」と語り，直樹の考えに共感していた**👁。そこで，自分たちにも原因があるのではないかと考えられるように，『小学校高学年以降，約2人に1人が家族団らんの時間が減少』という新聞記事を子どもたちに提示した⽀。家族との団らんが減っている原因として，ゲームやスマートフォンで遊んでいる時間が増えていたり，反抗期に入り，親と話をすることを避けていたりするという統計を見た子どもたちは，自分の生活と重ね合わせた。記事を読んだ後，知美や太一が，家族との団らんやつながりを大切にしたいと語ったタイミングで，「どうやっていくとつながりができるのかな」と全体に投げかけた。すると，子どもたちは，自分の生活や家族の生活を見つめ直し，自分の家庭に合ったつながりを大切にした団らんになっているかという視点で，再び追究に向かっていった。

自分の家庭と似ているためか，直樹の考えに共感している。このままだと，共感性がはたらきすぎて，団らんがもてないのは，家庭環境やコロナ禍のためと結論づけ，自分自身の行動を振り返らず，家族の一員としての視点をもてないのではないか。そこで，自分の団らんへのかかわり方を見直せば，自己調整力をはたらかせて，家族の一員としての団らんを考えられるのではないかと考えた。

家族の団らんの時間が減少していることがわかる資料を提示

家庭

> 　1年間家を守ってくれるえとの置物をねんどで作りました。うさぎを作りました。
> 　　　　　　　　　　　　（12月4日　麻結の生活日記）

　麻結は，かかわり合いの知美や太一の「つながり」という考えを取り入れ，「家を守ってくれる」と，翌年の干支であるうさぎの置物を作った。団らんの時間について考えるだけでなく，忙しい家族を思って作ったのだ。さらに，一番大事にしたいと考えている家族との食事の時間に使うことができるように，和紙で家族のはし袋を作った。麻結は，家庭に合わせて，団らんに必要なことを考え，家族の一員として，団らんがよりよいものになるように実践していったのだ。

　冬休みに入る前に，2学期に家族との団らんについて考えてきたことを振り返った。

> 　―〈略〉―　私は，おせち料理について調べ，実際に作ってみました。最初は失敗しましたが，何度も作るうちにコツをつかむことができ，自分なりのおせち料理が完成しました。『団らん』を意識して，コロナ禍だからこそ，家族とより深く関われるように今年のお正月を過ごしたいです。　　　（12月12日　麻結の生活日記）
> 　※何度も試すことでできるようになり，それが自信につながったね。お正月が楽しみだね。

　麻結は，これまで，おせち料理を作る過程で，失敗をしても「何度も」作り直し，おせち料理を完成できたことを振り返っていた。そこで，「何度も試すことでできるようになり，それが自信につながったね」と朱記で麻結の追究を認めた。

父親の団らんへの思いに気づき，くらしをよりよくしようと考える麻結

　冬休みに入り，子どもたちは自分の家庭に合った団らんのかたちで家族との時間を過ごした。麻結の家庭では，母親がそばを食べることができないため，例年，大晦日に年越しそばを食べていなかった。そこで，自分の家庭に合った団らんを工夫しようと考えた麻結は，そばの代わりに，うどんを用いて作ってみようと考えた。麻結は，

正月飾りを作る麻結

> 　今までの追究を振り返り，粘り強く追究してきたことに価値を感じている。この麻結の粘り強さを認めることで，冬休みに実践するときも，自信をもち，積極性をはたらかせて取り組むことができるのではないかと考えた。

> 　麻結の追究を認める
> 　朱記　　　（p.80※3）

自分の家庭に合わせて，心情面と健康面の視点から，そばをうどんに代えたのである。

　麻結をはじめ，一人一人が，家族と冬休みを過ごし，家族と過ごすことのよさを十分に味わい，達成感をもてたところで，核心に迫るかかわり合いを設定した。

　洋平は，黒豆を２日かけてじっくり煮込んでいる祖母を見て，家族のために手間をかける祖母の愛情に気づいたことを語った。すると，麻結が，「わたしはお正月のことだけではなく」と，家族との団らんが日常的に必要であることを伝えた。また，家事の手伝い以外の方法でも家族と団らんする時間をつくったことも語った。麻結は，**自分で家庭に合った団らんを考え，工夫したことに価値を見いだしたのだ**。そこで，自己の成長を自覚できるように，学びを振り返るかかわり合いを設定した🅱。

仲間が気づいた家族の思いに共感性をはたらかせながら，自分の家族のことにも置き換えて考えた麻結。さらに，自分の追究に価値を見いだし，正月だけでなく，日ごろの家族の団らんにも目を向けたこのタイミングであれば，自己の成長の自覚につながるだろうと考えた。

学びを振り返る
かかわり合いの設定

優子3　お母さんは大変だし，すごいと気づくことができた。
（1月26日　学びを振り返るかかわり合い　授業記録）

　ー〈略〉ー　最初は家の手伝いがいいと思いましたが，やることがそれぞれで話すことがありませんでした。<u>なので</u>，私は家族とおかし作りをしようと考えました。ー〈略〉ー　日曜日にお父さんがぜったいに手作り料理を考えてくれるのを不思議に思ったことが何回もありました。今日の授業の<u>優子さんの発言で</u>，私だけが団らんのことを思っているのではなくて，お父さんも，その大事さに気づいてくれているとわかりました。<u>これからも</u>，家族との団らんを増やし，楽しく過ごしていきたいです！

（1月26日　麻結の学びを振り返るかかわり合い後の学習記録）

　子どもたちは，自分の成長を互いに語り合った。麻結は，「なので」と，何回も家族との団らんの時間を計画し，実践してきたなかで，自分の家庭に合った団らんを工夫することができたと自己の成長を自覚している。また，麻結は，「優子さんの発言で」と，優子3「お母さんは大変だし，すごい」がきっかけで，団らんに対する父親の思いにまで目を向けたのだ。さらに，麻結は，「これからも」と家族との団らんの時間を増やそうと，家族の一員として，くらしを工夫し，よりよくしようと動き始めたのである。

　このように，麻結は，積極性や共感性をはたらかせながら，団らんに対する家族の思いを考え，自分の家庭に合うように団らんを工夫をしてきた。そして，家族の一員として，くらしを工夫し，自己の成長を自覚するに至ったのである。

体育科

1　体育科における教科・領域特有の資質・能力

　　体育科では，仲間とともに運動に取り組み，めざす動き（できるようにしたい動き）に迫り，自分の動きを拡げ高める子どもの姿を求めていく。そこで，わたしたちは，体育科で高めたい教科・領域特有の資質・能力を次のようにおさえた。

○自分の動きを見つめる力

　めざす動きの具体的なイメージをもち，写真や映像から自分がめざす動きと実際の自分の動きの共通点や相違点に気づき，自分の動きをどうすればよいか客観視する。

○仲間の動きや考えのよさに気づき，自分の動きに取り入れる力

　めざす動きに迫る見通しをもつために，仲間の動きや考えから自分の動きの足りなさを明確にし，新たな視点を取り入れた動きを試すことで自分や自チームの動きをよりよいものにする。

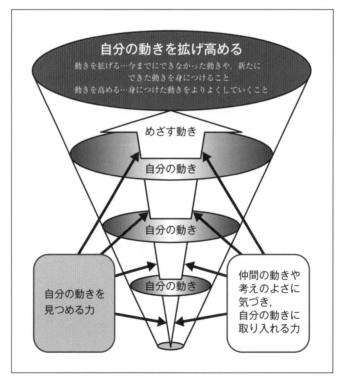

2　和真をとらえ，願いをかけ，教材を選定する

2年1学級の実態

　休み時間や学級レクリエーションでは，鬼遊びやかけっこなどに夢中になって仲間を追いかけている姿がある。順位や勝敗を競い合うことに楽しみを感じている子どもが多くいる。

和真のとらえと願い

【非認知的能力の視点からのとらえ】

　学級でのタブレットの使い方や給食のルール決めで，自分の考えを押し通し，仲間の考えを認められなかったことがあった。学級のリーダー的な役割を担いたいという気持ちが強く，学級や仲間のために自分の力でどうにかしたいというこだわりがあったからではないか。

【教科・領域特有の資質・能力の視点からのとらえ】

　体を動かすことが好きで，ボールを扱うことや走ったり跳んだりすることが得意である。得意であるがゆえに，ドッジボールやサッカーでは，仲間にパスをするより，最後は自分がボールを投げて当てたり，シュートをしたりして，活躍したいと考える傾向がある。

【和真への願い】

　仲間のためにと思う和真だからこそ，仲間と力を合わせながら運動し，仲間の動きや考えのよさに気づくことをとおして，様々に体を動かせるよう自分の動きを拡げ高めてほしい。また，相手の考えや思いを受け入れたり，認めたりすることができるようになってほしい。

「どすこい大玉」の教材としての価値

　様々な体の動きである，押す，引く，支えるなどを取り入れられる大玉を使った3人対3人の相撲遊びをとおして，全身を使って力を入れたり，緩めたりする力試しの動きを身につけられるだろう。また，攻めや守りをするなかで，相手の動きに応じて，押す力をいなしたり，いなされるのを先読みして押し返したりする動きを拡げ高めるだろう。

【追究の壁】

　相手の意図的な攻めや守りに対応できなくなったときに，思うように勝てなくなってくるだろう。そこで，相手の攻めや守りに応じて，自分たちがどのように大玉を押したり，3人の配置を変えて動いたりすればよいか，仲間と考えていく必要に迫られるだろう。

【この教材ではたらきやすい非認知的能力】

　部屋（チーム）で作戦を立てるときや映像で取組を振り返ったときには，仲間の考えに目を向けたり，認めたりする共感性がはたらきやすくなる。また，作戦を遂行するときには，力を合わせて押したり，事前に決めておいた動きをしたりする協調性がはたらきやすくなる。

【この教材で高められる体育科における教科・領域特有の資質・能力】

　勝つために仲間の考えを聞いたり，他チームの動きを見たりして，攻守に有効な押し方や相手の動きに応じた動きのよさに気づき，自分の動きに取り入れる力の高まりが期待できる。

体育

3　単元の流れと教師支援

単元名「どすこい大玉　横綱めざせ　ふぞく場所」

（15時間完了）

○ひとり調べの時数　　◎かかわり合いの時数　　[　　　　　]問い　　◆ほりおこし

どすこい大玉をやってみたよ

・思いっきり押したけど負けたよ　　・押し出して勝ったよ　　③

問いを生むかかわり合い　　①

守り	攻め	勝ちたいな
・広がって守るよ ・左右に広がって守るよ	・真ん中に強い子 ・同じ方向に押すよ ・3人が離れず押すよ	・横綱になりたい ・どうやって押したら勝てるのかな

押し方を工夫して勝ちたいな

守り	攻め	
・背中で押し返すのもよいよ ・押される方向と常に逆の方向に押し返すよ	・3人が一気に押すよ ・引いてみるのもよいよ ・守りの位置を見るよ	④ ※1 ※2

取組(試合)の様子を映像で見るよ

・ぐるぐる回して守るよ　　・相手側に動いて攻めるよ　※3

追究を見直すかかわり合い　　①

〈映像で見て思ったこと，考えたこと〉

守り		攻め
・万歳して両手を乗せて守ると大玉が動かないよ ・両手を縦に広げて守るよ	✕	・守りが弱い方向に押すよ ・急に方向を変えるとよいよ ・守り側に動いて押すと相手は守りができないよ

押す方向を変えたり，相手側に動いて押したりするとよいね

押す方向を変える	相手側に回り込む	
・急に方向を変えて押すとよいよ ・回して守る人の隣に先読みして，逆方向に押すよ	・守りは引くとよいよ ・二人は相手側に回り込んで引いて一人は押すよ	③ ※4 ※5

核心に迫るかかわり合い　　①

〈どすこい大玉で工夫してきたこと〉

押す・引く	3人の位置
・突っ張りのように押すよ ・大玉の上に乗るとよいよ ・大玉に乗るようにして引くよ ・背中で押す方法もよいよ	・守りは3か所に分かれて，攻めは1か所に固まるとよい ・相手側に回り込んで押したり引いたりするとよいよ

3人の位置を変えながら押す引くを使い分けるとよいね

どすこい大玉ふぞく場所をやって横綱を決めるよ　　①

・ふぞく場所で横綱になりたいな　　・守りをがんばるよ

学びを振り返るかかわり合い　　①

仲間からの学び	自分の成長	体育科の学び
・協力して押すことができたよ ・仲間と作戦を考えたよ	・仲間の力を借りて強くなった ・リーダーとしてがんばれたよ	・回す守りがうまくいったよ ・3人が集まって攻める方法がよかった

[教師支援]

◆　バランスボールを使って互いに押し合ったり，転がしたりする遊びをすることで，力試しの遊びは楽しいという意識をほりおこす。

※1　仲間の考えに目を向け始めたところで，仲間と立てた作戦のよさに気づけるように，朱記で認めたうえで，それを試す練習の場を設定する。
（p.91）

※2　力の強い部屋にはどうしても勝てないと困り，自信がゆらいだところで，自分と他の部屋の動きの共通点や相違点に気づけるように，押す方向を意図的に変えていたり，大玉を押す3人の位置を変えていたりする部屋の動きを映像で見る場を設定する。

※3　自分たちの攻守に対し，対策を練っている部屋に勝てないと困り，仲間の考えに目が向いたところで，新たな視点をもち，追究に勢いをつけていけるようにするために，追究を見直すかかわり合いを設定する。　（p.92）

※4　勝つために仲間の考えに目を向けてうまくいったことを感じられたところで，自己の成長を感じられるように，単元を始めた頃と現在の動きの様子を映像で比較する場を設定する。

※5　今まで追究してきた押し方や仲間の動きの工夫について整理し，相手に応じた動きの拡がりや高まりを実感したところで，追究してきたよさや価値を見いだせるように，核心に迫るかかわり合いを設定する。

4　仲間の動きや考えのよさに気づき，動きを拡げ高める和真

勝ったぁー

「仲間の力を借りて，それでぼくらは強くなった」

　単元が始まった頃から，「リーダーだからこそ自分の力で勝たせなければいけない」とこだわり，自分の考えを優先させることも多かった和真。ひたすら大玉を力強く押すことを主張し続けたことで，考えの違う仲間とけんかをすることもあった。自分だけの力では勝てない状況を何度も経験したことで，部屋で作戦を練る必要性が生まれ，和真が徐々に仲間の考えを認めていった。仲間の考えや動きのよさに気づき，自分の動きに取り入れることで，相手の攻めや守りの動きに応じて大玉を押す動きを拡げ高めることができたのである。和真のこのような姿が見られるに至った経緯を以下に述べていく。

【どすこい大玉について】

　３人対３人で，大玉を押したり支えたりし，大玉を土俵の外に出せるかを競う。

①ルールについて

・土俵の真ん中に大玉を置き，「はっけよーいのこった」の合図で取組（試合）を始める。先攻の部屋（チーム）の３人が大玉を土俵の外に出す攻めの動きをして，後攻の部屋の３人は大玉を出されないように守る動きをする。

・10秒間のうちに，攻めが大玉を土俵の外に出すことができれば「〇」，出すことができなければ「×」とする。

・先攻と後攻の部屋が攻守を入れ替えて取組をする。攻めの取組（表）と守りの取組（裏）を１回ずつして取組１とする。取組５まで行い，「〇」の数で勝敗を決める。

②チーム編成と番付について

・７部屋つくり，１部屋４人または５人の力士（メンバー）で編成し，取組ごとに力士は交代する。

・対戦の結果，勝ちが多い順に横綱，大関，関脇，小結，前頭，十両，幕下の番付とする。

・ふぞく場所（リーグ戦）ごとに番付を変える。

③教具と場について

・直径150cmの大玉を使い，マットを敷きつめて，直径５mの土俵を３つ用意する。

問いをもち，めざす動きに向けて動き出す和真

　自分の身長より高くて大きな玉を見て，「わぁー」と声を上げて勢いよく大玉にぶつかっていった和真。数人で押し合い，楽しそうに遊び始めたところで「どすこい大玉」に出会った子どもたち。和真は「おもいっきりおしたけどまけた」と振り返った。繰り返し取組を行うなかで，勝って横綱になりたいという思いを高めていったところで，問いを生むかかわり合いを設定した。かかわり合いでは，同じ方向に押すと勝てるという気づきや，３人が離れずに押すとよいという気づきをかかわらせていった。

体
育

かかわり合い後，子どもたちは，「押し方を工夫して勝ちたいな」という問いをもって追究に向かっていった。和真は，もっと強く押さないと勝てないと考え，ふぞく場所に臨んでいった。

　和真は大玉に顔と膝を当てて押してみたり，体を横にして肩と顔で押し返してみたりして，相手の力に勝るように様々な押し方を試していった。繰り返し相手と大玉を押し合うなかで，攻めのときは腰を落とし膝を曲げて前傾姿勢で大玉を押す姿が徐々に見られるようになっていた。また，守りは「両手を広げてへばりつく方法をひらめいた」と自慢気に語っていた。和真の水富士部屋（以下水富士）は，順調に

へばりついて守るよ

勝ち上がっていった。しかし，横綱の白熊部屋（以下白熊）には一切勝つことができなかった。勝てない理由を和真に聞くと「まだ力が弱いから」と，さらに力強く押すことに目を向けていた。

仲間の動きや考えのよさに気づき，守りの動きを拡げ高める和真

　力自慢の春太がいる白熊に勝てなかったとき，同じ部屋の浩隆は「作戦がないから勝てない」と話していた。それに気づいた教師が「作戦はないの？」とたずねると，和真は急いでノートに作戦を書き始めた。しばらくして和真たちの水富士の練習の様子を見に行くと，**仲間に攻めの作戦を一方的に説明する和真の姿があった**👁。それに対し，浩隆は「おれの作戦だめって言われた」と不満そうだった。このとき，浩隆は，白熊に5回の取組ですべて大玉を出されたことから，守りに目を向けていた。そこで，守りを改善しようとする，浩隆の考えのよさにも目を向けられるように，教師は対話をすることにした👊。

👁…非認知的能力の視点でとらえた子どもの姿

👊…非認知的能力に着目した教師支援

　和真は，自分が水富士のリーダーとして，仲間の考えではなく，自分の考えで勝ちたいと思っている。このまま仲間と話し合っても，攻めに目が向いたままで，勢いよく押すことにこだわり続けてしまう。そこで，対話をして和真の攻めの考えに対する自信をゆさぶり，守りに対する考えの甘さを指摘することで，守る動きを工夫する必要性に気づいている仲間の考えに目が向けられるのではないかと考えた。

考えの甘さを指摘する対話

Ｔ	浩隆君の作戦はなんでだめなの？
和真	うーん，なんか……
Ｔ	和真君が考えた作戦は？
和真	「いっせーのーでっ」で一気に押す。
Ｔ	そっか。攻めの作戦なんだね。守りの作戦はないの？
和真	ない。
Ｔ	それで勝てるのかな？
和真	うーん。（6月16日　和真との対話記録）

　教師が，守りの作戦がなくて勝てるのかと考えの甘さを指摘すると，「うーん」と悩みだしていた。そして，浩隆の守りの作戦に目を向け，試し始めたのである。

　浩隆の大玉を回して守ることを採用し，作戦としたは
ずだったが，「そんなにさくせんはない」と曖昧な記述
をしていた。そこで，仲間の動きを試すことを促すた
めに，仲間と作戦を一緒に考えられたことを認める朱記
をした⊗。そして，作戦を試す練習の場を設定した⊗。

　和真たちは役割を分担して，大玉を回す動きを練習で
何度も確認していた。そして，炎の光部屋との取組で，
実際に浩隆の大玉を回して守る作戦を試したところ，一
度も大玉を外に出されることなく守りきることができた
のである。

　和真は，「すごく」強くなったと，仲間の動きのよさを
実感し，白熊との対戦で試す意欲を高めていた。そして，
水富士は横綱が決まる取組でも試したのである。下図①
和真は白熊の押しを踏ん張って押し返すが，白熊の押す
力には耐えきれないと判断したため，②大玉を抱えたま
ま左側に移動して，大玉を回し始めた。③和真は右手で
大玉をたぐり寄せて，回し続けると，④大玉は土俵に沿
うように動き続け，白熊が押し出そうとしても外に出な
かった。⑤その後，和真は両手で大玉を押さえた。

　曖昧な記述をしているのは，
自分の考えで勝ちたいという
思いがあり，仲間の考えのよ
さを受け入れることができて
いないのではないだろうか。
そこで，仲間と作戦を考える
ことができたことを朱記で認
め，さらにその作戦を試す場
を設定するなかで，うまくい
くと実感することができれば，
浩隆の考えのよさを認めるこ
とができるのではないかと考
えた。

作戦を考えることが
できたことを認める
朱記とその作戦を試
す練習の場の設定
（p.88※1）

大玉を回すよ（③の様子）

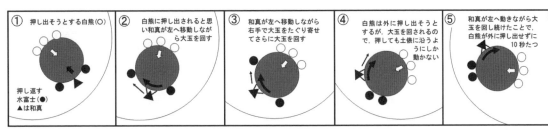

体
育

和真は，白熊の押し出そうとする動きに応じて，大玉を回すことで，守りきることができたのだ。初めて白熊に勝ち，さらに横綱になることができて，和真は飛び跳ねて喜んだ。

共感性をはたらかせて仲間の動きを取り入れ，相手の動きに応じて攻める和真

横綱でいられたのも束の間。大玉を回して守る作戦に対策を練って攻められたため，それだけでは勝てなくなり，「どうしたら勝てるかわからない」と追究に停滞が見られた◉。そこで，新たな追究の視点を得ることができるよう，追究を見直すかかわり合いを設定した⊛。

かかわり合いでは，和真は，海富士部屋にいる勝俊の，相手に応じて大玉に万歳をしてのしかかる守り方に注目し，かかわり合い後の取組で試すことで，そのよさを実感した。和真は「のっかればうまくいく」と振り返り，その守り方だけでなく，相手の押し方によって大玉を回す守り方もうまく使い分け，動きを拡げたのである。

守り方という視点から新たに動きを拡げた一方で，攻め方に課題があり，前頭に番付を下げていた。**和真はなんとか勝ちたいと考え，攻め方について浩隆とけんかになるほど，自分の考えを主張していた**◉。その後の白熊との取組。水富士にとってどの攻め方がよいのか悩んでいたら，引き分けにすることができたのである。教師が引き分けにできた理由を和真と浩隆にたずねると，両者ともわかっていなかった。そこで，その取組をタブレットを使って見返す場を設定した⊛。相手が大玉を回して守っていたときに，仲間の莉乃が大玉が転がる方向を予測し，先回りをして押す動きをしていたのである。映像を見た和真は，その動きに気づき，スロー再生をしながら何度も莉乃の動きを確認した。学習記録には，「莉乃ちゃんがまわってくれるさくせんをかんがえてくれたので，それでかちたい」とあり，自分たちの作戦に取り入れようと，作戦を試す練習を始めたのである。

相手の意図的な攻めに対応しきれず，自信を失いかけている。このタイミングであれば，共感性をはたらかせて，勝ち上がっている部屋の動きや作戦のよさ，相手の攻守に応じて作戦を考えている仲間の動きのよさに目を向けられるだろう。そして，勝つための見通しをもって再び追究に向かうのではないかと考えた。

追究を見直すかかわり合いの設定（p.88※3）

のっかって守るよ

守りでは，仲間の考えを受け入れた結果，勝つことができたが，攻めでは，作戦がうまくいっていないから主張したのだろう。また，当初からこだわっていた「一気に押す」という方法で最後は勝ちたいのだろう。このままでは，攻め方の視点に工夫がもてないままになってしまう。引き分けになったこのタイミングで，自分たちや相手の動きを振り返り，自分たちの動きのどこがよかったのかを確認することで，部屋として攻め方のめざす動きがはっきりすると考えた。

タブレットで取組を見返す場の設定

いよいよ最後のふぞく場所の白熊との取組。①和真たちが押し出そうとすると，②白熊は大玉を引くようにして回しにかかった。③それに気づいた和真は，大玉を回していた白熊の右側へと位置を変えて，④一気に押し出した。相手の回す動きに応じて，大玉が転がる方向を予測し，瞬時に押す位置を変えて攻めたのである。

押す位置を変えるよ(③の様子)

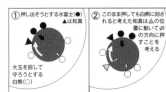

①押し出そうとする水富士(●)　▲は和真

大玉を回して守ろうとする白熊(○)

②このまま押しても白熊に回されると考えた和真は▲の位置に動いて⑳の方向に押すことを考える

③和真は大玉を回している白熊の○の右側に位置を変えて押し出した。それを見た仲間も同じ方向に押した

④白熊が大玉にへばりついて和真は逆方向に引くが，和真の押す方向に大玉が動き出した

そして，水富士は，今まで負けてばかりだった白熊に対し，勝つことはできなかったものの引き分けることができた。

> ぼくはまえのページにかいた，あいてのたいしょうのよこにいって，だすさくせんが<u>つよい</u>とおもいました。<u>まえかんがえたさくせんはばればれ</u>だったから，<u>それで</u>かちたいです。
> （7月3日　和真の学習記録）

和真は，「つよい」「それで」と，試した仲間の動きのよさを実感している👁。 そこで，これまでの追究に価値を感じ，自己の成長を自覚できるように，<mark>振り返り作文を書く場と学びを振り返るかかわり合いを設定した</mark>🈡。

以前の和真なら，莉乃の動きよりも自分の考えを押し通そうとしていたのではないか。しかし，「まえかんがえたさくせんはばればれ」と自分の作戦の不十分さを認め，映像を見たことで仲間の動きのよさに気づき，共感性をはたらかせながら自分の動きに取り入れることができたのである。

振り返り作文を書く場と学びを振り返るかかわり合いの設定

> さいしょのころはまもりがへたでした。だけどいまはまわすのもせなかでおすのもへばりつくのもわかったのでつよくなれました。せめのときはまわされたときにあいてのたいしょうのよこにはいってまわしてるほうへだしたりうしろにひきよせたりしてかったことです。　　　　　　　（7月6日　和真の振り返り作文）
>
> T　86　どうして強くなったと思えたの？
> 和真 87　<u>仲間の力を借りて</u>，それでぼくらは強くなった。浩隆君が「いっせーのーで」って言ってくれたし，回すやつも考えてくれた。　　（7月10日　学びを振り返るかかわり合い　授業記録）

「まわされたときにあいてのたいしょうのよこにはいって」と相手の動きに応じた攻守の動きを拡げ高めることができたことを振り返った和真。そして，和真87「仲間の力を借りて」と共感性をはたらかせたことを理由として語り，自己の成長を自覚したのである。

このように，和真は，自分の考えばかりでなく，仲間の動きや考えに目を向け，繰り返し試したことでそのよさを実感していった。そして，共感性をはたらかせながら，攻守において相手の動きに応じて自分の動きを拡げ高めていったことが自己の成長であると自覚したのだ。

体育

英語科

1　英語科における教科・領域特有の資質・能力

　　英語科では，外国の人との交流をとおして，「伝えたい」「知りたい」などの思いを，目的や場面，状況等に応じて接し方を考えて英語で表現し，他者に配慮しながらコミュニケーションを豊かにする子どもの姿を求めていく。そこで，わたしたちは，英語科で高めたい教科・領域特有の資質・能力を次のようにおさえた。

○目的や場面，状況等に応じた接し方を考える力

　外国の人との交流をとおして気づいたことをもとに，コミュニケーションの目的や場面，状況等に応じた接し方を考える力。

○他者に配慮した接し方を考える力

　外国の人の気持ちや背景にある文化を配慮し，他者が理解しているかを念頭に置きながら話したり，他者の考えを受け止めたりするなどの接し方を考える力。

○コミュニケーションスキルを適切に用いて伝え合う力

　英語で伝えたい，外国の人のことを知りたいという思いを具現化するため，英語表現や音声といった「言語的伝達手段」と，アイコンタクトやジェスチャーなどの伝え方・聞き方といった「非言語的伝達手段」を適切に用いて伝え合う力。

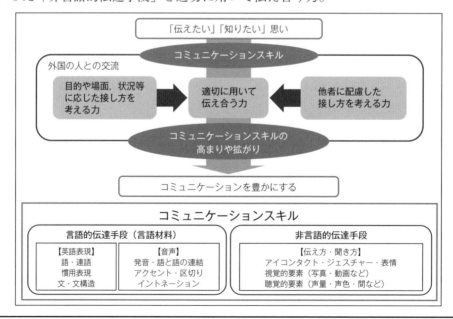

2 康太をとらえ，願いをかけ，教材を選定する

6年1学級の実態

相手意識をもって行動することができるが，相手の反応を気にするあまり，自分の考えをそのまま伝えることをためらう姿をよく目にする。非言語的伝達手段のよさに気づいている。

康太のとらえと願い

【非認知的能力の視点からのとらえ】

仲間の考えに目を向け，自分の考えと比べようとする。そのなかで，自分の考えに自信がもてなくなり，考えを伝えられないことがある。体育科の学習では，自分の考えを何度も仲間に主張した。得意なことや勝負事の場面では，自分の考えを堂々と伝えられるのではないか。

【教科・領域特有の資質・能力の視点からのとらえ】

英語で話すことに苦手意識があるが，相手を楽しませたいという思いから，ジェスチャーでコミュニケーションを図ろうとする。相手の表情から，困っている場面や状況に目を向けている。そのようなときに，英語で話せたら，さらに交流が楽しくなると感じているのではないか。

【康太への願い】

相手の反応を意識する康太だからこそ，相手が置かれた場面や状況に合った英語表現を考えられるだろう。また，仲間の英語表現や伝え方のよさを取り入れたり，相手に伝わる英語表現や伝え方になっているか，何度も考えたり練習をしたりするなかで，自信がもてるようになってほしい。

「外国の人とスポーツ鬼ごっこ」の教材としての価値

留学生とチーム（子ども4人・留学生3人）になってスポーツ鬼ごっこ（p.97参照）を行う。試合の間に作戦を考え，チームで協力しながら勝利をめざす。そのために，同じチームの留学生に，場面や状況に応じた英語表現や伝え方を考える必要性が生まれる。

【追究の壁】

試合で戦況が変化するため，場面や状況に応じた声かけや，短いことばで即興的に伝えることが必要になる。また，チームワークを高めるために，留学生や仲間と作戦を考えたり，気持ちを高めたりすることが必要になるだろう。

【この教材ではたらきやすい非認知的能力】

交流会に向け，チームの仲間と練習やシミュレーションを何度も繰り返すなかで，コミュニケーションスキルを拡げる必要性を感じるだろう。そのときは，仲間の考えのよさに目を向け，取り入れようと，共感性がはたらきやすくなる。

【この教材で高められる英語科における教科・領域特有の資質・能力】

チームワークを高めるために，場面や状況に応じたコミュニケーションスキルを考えたり，留学生の気持ちに配慮した接し方を考えたりするなかで，即興的に話す力を高めたい。

英語

3　単元の流れと教師支援

単元名「外国の人とチームワークを高めてお宝ゲット！Let's enjoy sports tag!」

（18時間完了）

○ひとり調べの時数　　◎かかわり合いの時数　[　　　　　　]問い　　◆ほりおこし

留学生とスポーツ鬼ごっこをするよ

・チームで協力して得点する 楽しさを伝えたいな	・楽しめるようにルールを 説明するよ	②

留学生とチームになってやってみたよ（1回目の交流会）　②

・留学生が宝をゲットできて うれしいな	・伝えるのが難しいな ・わからずに困っていたよ
・もっとわかりやすく伝えないといけないな	

問いを生むかかわり合い　①

困ったこと	もっと声かけが必要だな
・すぐに英語が出てこないよ ・作戦を伝えるのが難しいな ・突然のときに困ったな	・気持ちを伝えたいな ・短いことばのほうが伝わりそう ・Go! Go! 試合で声をかけるよ

（× between the two boxes）

留学生とのチームワークを高めたいな

英語表現を考えるよ	伝え方を考えるよ	④
・Go for it! / You did it! ・もっと声かけを増やすよ	・作戦ボードを使いながら ・指さしで教えるよ	
・作戦会議や試合で言えることが増えたよ		

作戦がうまくいかなかったな（2回目の交流会）　②

・留学生の意見も聞いて一緒に考えたいな　※1

追究を見直すかかわり合い　①

〈どうしたらチームの作戦がうまくいくかな〉

英語表現や伝え方	外国の人との接し方
・短い英語を，状況に合わせて 使い分けるよ	・協力するために，留学生の考 えを聞くことが大切だね　※2

作戦を成功させるためには，もっと相手の考えを聞くことが大切だね

場面に応じて	相手に聞きながら
・Kim, attack from the left! ・Now! Go to S-area!	・Offense? Defense? Which one? ② ・Is this plan OK?　　　　　　　※3
・これならチームの作戦がうまくできそうだな	

力を合わせて宝をゲットするよ（3回目の交流会）　②

・留学生がゲットできた	・作戦がうまくいった

核心に迫るかかわり合い　※4　①

〈留学生とのチームワークを高めるために大切なこと〉

英語表現や伝え方	外国の人の視点から
・試合中，作戦タイムなど状況に 合わせて使い分けるよ	・相手の気持ちを考えて， 伝え合う必要があるね
力を合わせるために，考えを伝え合うことが大切だね	

学びを振り返るかかわり合い　※5　①

仲間からの学び	自分の成長	英語科の学び
・チームの仲間の考 えが参考になった よ	・交流会でうまくいか なくても，何度も考 え直したよ	・相手の気持ちを考 えて，その場に合っ た声かけが大切だね

[教師支援]

◆　ペア遠足の思い出を振り返るなかで，1年生が楽しめるように，相手に合わせてことばを使ったり，積極的にコミュニケーションを図ることが大切だという意識をほりおこす。

※1　自分の追究に安易に満足したところで，外国の人の立場になって考えるなどの新たな追究の視点をもてるようにするために，留学生と交流する場を設定する。　（p.98）

※2　思うように伝わらない経験をし，自信がゆらぎ始めたところで，新たな追究の視点をもてるように，追究を見直すかかわり合いを設定し，留学生の気持ちに目を向けている子どもを意図的指名する。　（p.98）

※3　新しい追究の視点を得て主体性を高めているが，思うように英語表現が考えられず，自信がもてずにいるところで，仲間の考えの工夫に目を向け，コミュニケーションスキルを拡げることができるよう，シミュレーションの場を設定する。　（p.99）

※4　追究をしてきたコミュニケーションスキルを用いることができたと自信がもてたところで，有効だったスキルを実感することができるように，核心に迫るかかわり合いを設定し，交流している場面を動画で振り返らせる。　（p.100）

※5　追究を振り返り，粘り強く追究してきたことに価値を感じたところで，その粘り強さが，コミュニケーションスキルを拡げる原動力になってたことを実感できるように，考えを認める対話をする。　（p.100）

4　自信をもつことで，コミュニケーションスキルを拡げていく康太

「短い単語がよくて，でもそれだけじゃなくて相手のことも考えないといけないよ」

　留学生とスポーツ鬼ごっこを楽しみたいという思いで迎えた交流会。しかし，交流での康太の表情は硬かった。思うように伝わらず，自信を失いかけていたのだ。それでも，次の交流に向けて動く康太。その原動力となっていたのは，留学生とチームワークを高めたいという思いであった。その思いが康太の追究の支えとなり，英語表現や伝え方を粘り強く考え，仲間の考えのよさに目

Let's do our best!

を向けながら，コミュニケーションスキルを拡げていった。3回目の交流会では，1回目の交流会からは想像できないほど表情は明るくなり，積極的だった。そこには，自信に満ちあふれる康太の姿があった。康太のこのような姿が見られるに至った経緯を以下に述べていく。

チームワークを高めるために，コミュニケーションを増やそうとする康太

　スポーツ鬼ごっこを行い，作戦を考え，声をかけ合うなど，チームで力を合わせる鬼ごっこの楽しさを感じた子どもたち。その姿をとらえた教師は，昨年度交流をした言語学校の留学生が日本の小学生の遊びに興味があり，交流をしたいと懇願していることを伝えた。それを知った子どもたちは，「留学生とスポーツ鬼ごっこで交流したい」という学級全体の思いをもち，交流するための英語表現を調べ始めた。康太は，ルールを伝えるために "Touch with both hands."（両手でタッチします），"This is S-area."（ここがSエリアです），試合中に声かけす

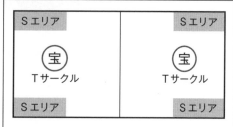

【基本ルール】試合は5分ハーフ
・1チーム7人（子ども4人・留学生3人）
・敵陣の宝を多く取ったチームの勝利
・Tサークル内に守りの選手は入れない
・敵陣のSエリア内ではタッチされない
・タッチされたら自陣のSエリアから再スタート
・Sエリア内では相手にタッチされない

スポーツ鬼ごっこのルール

るために "Go!"（行け），"Stop!"（待って），"Return!"（戻れ）などの英語表現を考えて練習した。これならスポーツ鬼ごっこができそうだと感じている姿が見られたところで，1回目の交流会を設定した。

　－〈略〉－　英語が話せないと何も言えないし，会話中に言えなくなると相手もこまっちゃうから，かんたんな英語はおぼえたいです。　　　　　　　　　　　　　　　　　　　　　　　　　（5月18日　康太の学習記録）

　交流会を終えた康太は，相手が「こまっちゃう」と，もっと会話を続けるために必要な英語表現を考えないといけないと感じていた。学級全体でも，今後何をすればよいか気づき始めたところで，問いを生むかかわり合いを設定した。

とつぜんのできごとで，言えるか言えないかでチームの団結力が変わると思いました。相手のやる気のでることばとか，GO!GO! とかの短いことばをたくさん使えば伝わると思います。　（５月25日　康太の学習記録）

かかわり合いでは，コミュニケーションを増やすと留学生との仲が深まるという気づきと試合や状況に応じた声かけができると連携がとりやすいという気づきをかかわらせていった。かかわり合いをとおして，康太は，「やる気のでることば」といった相手の情意面にはたらきかける英語表現や，「GO!GO!」といった試合中に用いる英語表現を増やす必要があると考えた。

留学生の気持ちを考え，場面や状況に応じた接し方に目を向け始める康太

「留学生とのチームワークを高めたいな」という問いをもった子どもたちは，“Go for it!”，“Attack!”，“Don't give up!” など，交流における英語表現集を作成した。仲間との練習を終え，**１回目の交流会よりも英語表現が増えたことに満足する康太の姿があった**👁。そこで，教師は，子どもたちが試合の様々な場面や状況に応じて留学生の視点からコミュニケーションスキルを考えることができるように，２回目の交流会を設定した㊋。

応援するとやる気がでる。作戦かいぎの時に，言うことばがころころと変わるし，しあいでよそうしていた場面も変わったりするから，言うことばがわからなくなる。（６月７日　康太の学習記録）

交流会を終えた康太は，**「わからなくなる」と，作戦会議や試合で，どのように声かけをすべきかという困り事を抱えていた**👁。そこで，教師は，相手を意識して，場面や状況に応じて考えるという視点が加わることで，コミュニケーションスキルを拡げることができると考え，追究を見直すかかわり合いを設定した㊋。

康太 18　－〈略〉－　一つが変わると全部が変わって言うことがなくなるから，困っちゃうなって思って，作戦はだいたいを決めておくとやりやすいと思いました。
－〈略〉－
聡子 21　わたしも即興で決めたほうがよいと思います。本当はそんなポジションじゃないとか，なんか不満になっちゃうから，その場で聞かないといけない。
（６月15日　追究を見直すかかわり合い　授業記録）

－〈略〉－　さと子さんが言ってた「作戦について聞く」がそう思っ

👁…非認知的能力の視点でとらえた子どもの姿
㊋…非認知的能力に着目した教師支援

英語表現が増えたことに満足しているが，それを使う場面や状況にまで目を向けられていない。康太には，場面や状況に応じて留学生の気持ちを考慮したコミュニケーションスキルを考える必要があるのではないかと考えた。

留学生と交流する場の設定 （p.96※１）

声かけの仕方に困っているこのタイミングなら，留学生の気持ちという視点から接し方を考えている仲間の考えを，共感性をはたらかせながら受け入れ，コミュニケーションスキルを拡げることができるのではないかと考えた。

追究を見直すかかわり合いの設定と意図的指名 （p.96※２）

て，ぼくたちのＡチームは子どもだけでやっていたので，相手の気もちを考えてやりたいことを聞きたいと思いました。

（6月20日　康太の学習記録）

　康太が語った後，教師は，即興性に目を向けながらも，留学生の気持ちを考慮して話したいと考えている聡子を 意図的指名した🈮。聡子21「不満になっちゃう」と，留学生の気持ちを考慮し，その場で作戦を考えることの大切さを，聡子は語った。かかわり合い後の康太の学習記録には，「子どもだけで」と，今までの接し方の足りなさに気づき，「相手の気もちを考え」た接し方について考える必要があることに目を向けていた。

　ひとり調べを進めていった康太は，試合中に留学生がわかりやすいように，方向を入れた英語表現や，勝敗や時間帯に応じてやる気を高める英語表現を考えた。**また作戦会議でも，留学生に配慮した作戦を考える必要性は感じていたが，具体的にどのようにコミュニケーションを図ればよいか困っている様子が見られた**👁。そこで，仲間の伝え方に目を向けて，自分のコミュニケーションスキルに生かせるようにするために，教師は， 仲間と作戦会議のシミュレーションを行う場を設定した🈮。選手に見立てたペットボトルキャップを作戦ボード上で動かす竣介の伝え方を見た康太は，留学生の考えに合わせて伝えることが大切だと考えた。そこで，ポジションの希望を留学生に聞こうと "Which do you want to do?" という疑問文を考えた。さらに，留学生の希望に合わせて作戦を提案できるように英語表現を数パターン考えた。

　康太のように学級全体の子どものコミュニケーションスキルに拡がりが見られたタイミングで，教師は，3回目の交流会を設定した。

| 新しい追究の視点を得て，積極性が表れているものの，思うように英語表現が考えられず，自信を失いかけている。次の交流会に向け，コミュニケーションスキルを拡げようと考えているこのタイミングであれば，留学生の気持ちに目を向けている仲間の伝え方を，共感性をはたらかせながら，取り入れることができるのではないかと考えた。 |

シミュレーションの場の設定
（p.96※3）

英語

スキルの拡がりを実感し，自己の成長を自覚する康太

康太	Offense? Defense?　Which do you want to do?
留学生	Offense.
康太	OK. OK. 1, 2, 3, 4. Which one?（作戦ボードを使いながら）

留学生	This one.（1のポジションを指して）I wanna take the treasure.
康太	OK. OK. <u>I will distract the enemy!</u> Come here.

（6月28日　康太と留学生との会話記録）

- 〈略〉 - ほかにも1点決められたときは，Don't give up!, 神ディフェンスには Good defense! しじは「(名前) attack from the left」とか，<u>とにかくたくさん使えました。</u>（6月29日　康太の学習記録）

Is this plan OK?

康太は，今まで以上に留学生とコミュニケーションを図ることができたことで，達成感をもっている。このタイミングなら，有効にはたらいたコミュニケーションスキルを実感したり，非認知的能力の自信の高まりも実感したりするのではないかと考えた。

核心に迫るかかわり合いの設定と映像の視聴　（p.96※4）

交流会で康太は，留学生に質問をして，攻めたいという思いをもっていることを知ると，得点できるように，自分がおとりになって敵をひきつける作戦，"I will distract the enemy!"（ぼくが敵の気をそらす）を伝えた。試合では，左のスペースを見つけると，"Kim, attack from the left!" と，名前を呼びながら指示を出した。康太は，「とにかくたくさん」と，コミュニケーションスキルの拡がりを実感した👁。学級全体でも交流に満足する姿が見られたため，核心に迫るかかわり合いを設定した🈚。

- 〈略〉 - 動画を見て，<u>いがいと英語をたくさん使えていたからよかったと思う。交流すればするほどよくなりました。</u>
（7月4日　康太の学習記録）

かかわり合いの後半では，成長した姿を客観的に見て実感できるように，学級全体で交流会での作戦会議の様子を映像で確認する場を設定した🈚。視聴後に直子が，「康太君が一番英語を話してた」と語った。自分が英語を話す姿を見た康太は，「いがいと」と，英語をたくさん話せたことを実感した。また，「交流すればするほど」と，交流会での反省を生かして，粘り強く追究してきたことに価値を感じている👁。しかし，有効にはたらいたコミュニケーションスキルを実感するまでには至っていない。そこで教師は，有効なコミュニケーションスキルを実感できるように，対話を行った🈚。

康太は，粘り強く追究してきたことに価値を感じているものの，どのコミュニケーションスキルが有効にはたらいたかまでは実感できていない。康太が，有効なコミュニケーションスキルを語り，その姿を教師が認めていくことで，教科・領域特有の資質・能力の高まりを実感できるのではないかと考えた。

康太の考えを認める対話　（p.96※5）

T	何がよかったのかな？
康太	相手のことも考えないといけなくて，短い単語がよいけど，Go だけだと，誰が Go かもわからないし，どこに Go かもわかんない。作戦も知らないとなんで Go なのかもわからないから，<u>そういうのも考えて伝えないとい</u>

```
           けない。
   T       なるほど。相手のことを考えていたんだね。
                              （7月5日　康太との対話記録）
```

　短く簡単な単語がよいと考えていた康太が，「考えて伝えないといけない」と，受け取る相手を意識し，場面や状況に応じて伝えることが有効なコミュニケーションスキルだと実感した。教師が「相手のことを考えていたんだね」と認め，自己の成長を感じ始めたところで，学びを振り返るかかわり合いを設定した。

> 追究に価値を見いだしたところで，単元をとおして成長したと思う場面を振り返らせることで，自己の成長を自覚できると考えた。

> 学びを振り返る
> かかわり合いの設定

```
康太 17  －〈略〉－　2回目と3回目の間でぱっと話せるようになったし，Aチームの仲間とやってきたから，
        言えるようになったと思います。－〈略〉－　竣介君のペットボトルキャップのアイデアとか，チー
        ムで考えてよくなったし，作戦のときに使えました。
        －〈略〉－
康太 32  聡子さんに質問で。－〈略〉－　Attack とか短すぎると伝わらないと思って，たとえば，Attack!
        と言ったとするよ。でも右か左かわかんないから，短いけど，相手に伝わるギリギリのラインで言わ
        ないと伝わらないんじゃないかなと思って，Attack だったら，Attack from the right で名前も入
        れて，そうすると方向もわかるし，名前もわかると思うんですけど，どうですか。
                              （7月10日　学びを振り返るかかわり合い　授業記録）
```

```
－〈略〉－　聡子さんへの質問で変わったと思います。なぜかと言うと，自分の意見を言えたからです。「聡子
さんのいけんにはんたいで」って言えたし，相手が何かい言っても言いかえせたからです。5年の時や6年の初
めは自分のいけんもうまく言えてなかったので成長したと思います。しかもぱっと英語が言えたし，すぐにこた
えられたからよかったです。
                              （7月11日　康太の学習記録）
```

　学びを振り返るかかわり合いでは，康太17「ぱっと話せるように」と，場面や状況に応じて接することができるようになったことを，康太は語った。また，康太17「仲間とやってきたから」と，共感性をはたらかせたことがコミュニケーションスキルを拡げることができた理由として振り返り，自己の成長を自覚する姿を見せた。だからこそ康太32「短すぎると伝わらない」「相手が何かい言っても」と，なるべく短いことばがよいと考える仲間に対して，自分の考えを主張する姿を見せたのだった。

　このように，康太は，留学生の気持ちを考えながら，場面や状況に合った英語表現を粘り強く追究し続けたことで，コミュニケーションスキルが拡がったと実感したり，共感性をはたらかせたことで，仲間の工夫を取り入れ，作戦ボードを活用しながら積極的に伝え合うことができたと実感したりした。このような実感の積み重ねがあったからこそ，自己の成長を自覚しているのである。

英
語

くすのき学習

1 くすのき学習における教科・領域特有の資質・能力

くすのき学習では，仲間とのかかわりのなかで，自己を見つめ，自ら動き出す子どもの姿を求めていく。そして，仲間とともに対象にひたり込み，思いや願いを高め，その実現に向けて主体的に活動を進めることで，子どもたちは「共存の意識」を育んでいく。そこで，わたしたちは，くすのき学習で高めたい教科・領域特有の資質・能力を次のようにおさえた。

※対象……活動のなかで中心的に扱う教材（人・もの・こと）。

※ひたり込む……対象への愛着を感じたり，自分事として感じたりしながら，切実感をもって対象にかかわること。

※思いや願い……子どもの「こうしたい」「～なってほしい」「やらなくては」という活動を支える原動力となるもの。

※共存の意識……まわりの人の見方や考え方，感じ方を大切にし，よりよく生きていこうとする態度。

○仲間を理解しようとする力

仲間の対象へのかかわり方に目を向けて，かかわり方の背景を理解しようとする力。

○自分を見つめ直す力

仲間の対象へのかかわり方を理解したうえで，自分の対象へのかかわり方を見つめる力。

○自己決定する力

自分と仲間との対象へのかかわり方の違いや，大事にしている視点のずれから，どうするのがよいのかと迷い，悩んだときに葛藤が生じる。その葛藤の末に，よりよい活動の方法や方向性を判断し，思いや願いの実現に向けて行動していく力。

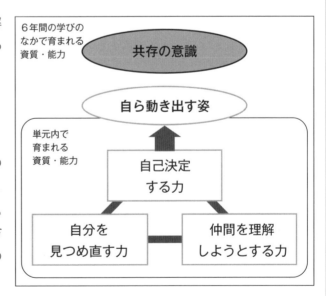

2　千穂をとらえ，願いをかけ，教材を選定する

2年2学級の実態

　折り紙や草花で作ったものをプレゼントするなど，自分が作ったもので，身近な人を喜ばせることに価値を感じている。仲間の活動をよく見たり，仲間の考えをよく聞いたりできる。

千穂のとらえと願い

【非認知的能力の視点からのとらえ】

　くすのき学習『育てた野菜でサラダづくり』の実践では，仲間の苗の植え方の間違いに気づくが，自分から仲間に声をかけられないことがあった。仲間の気持ちを考えられるからこそ，仲間への遠慮があったり，自分が正しいのかといった心配があったりするのではないか。

【教科・領域特有の資質・能力の視点からのとらえ】

　1学期の実践では，育てた野菜を給食の食材として全校児童に食べて喜んでもらおうとした仲間の考えに賛同し，仲間とともに栄養士に依頼をした。仲間やまわりの人を喜ばせたいという思いが強い千穂だからこそ，仲間の考えに賛同し，行動することができたのではないか。

【千穂への願い】

　仲間の気持ちを考えられる千穂だからこそ，仲間の考えを理解したり，自分の考えを仲間に伝えたりしながら，自分から仲間にはたらきかけて活動を進められるようになってほしい。

「二七市（ふないち）での野菜販売」の教材としての価値

　附属小の近くで定期的に開催される朝市「二七市」。70年以上続く歴史がある。徒歩で何度も訪れることができるため，子どもたちは，二七市に愛着をもてる。会長さんから「客足が遠のき寂しい」と聞くと「助けたい」という思いや願いをもつだろう。そして，子どもたちは，1学期に全校を喜ばせた経験から，自分たちで育てた野菜を二七市で販売する活動を計画していくだろう。

二七市開催の写真

【活動の壁】

　育てた野菜の値段を決める際に，来客を増やすために安く売るのか，二七市のお店のために値段を合わせて売るのかという子どもたちの考えの視点のずれから葛藤が起こる。ここで，自分の考えを伝えたり，仲間の考えを聞いたりして，値段を決める必要に迫られる。

【この教材ではたらきやすい非認知的能力】

　販売活動を計画，準備するなかで，役割分担や販売方法などを仲間と話し合いながら決めていくことになり，発信力や共感性がはたらきやすくなる。

【この教材で高められるくすのき学習における教科・領域特有の資質・能力】

　野菜の値段や売上金の使い道を話し合うなかで，仲間の考えを理解して，自分の考えを見つめ直し，活動の方向性を自己決定していく力の高まりが期待できる。

くすのき

3 単元の流れと教師支援

単元名「二七市 大すき もりあげたい！ とれたてやさいの ふぞくっ子店」

(28時間完了)

○活動の時数　◎かかわり合いの時数　[　　　]思いや願い　◆ほりおこし

二七市に行ってみたよ

店の人	市川さん	⑦
・買い物がしたくなったよ	・昔はもっと店があったんだって	
・マンゴーを買ったらおまけをしてくれてうれしかったよ	・八百屋がやめたって聞いたよ	
・やさしくお話してくれたよ	・お客さんも少なくなっていてさみしそうだ	

・二七市はよいところだから助けてあげたいな

思いや願いを確かめ合うかかわり合い　①

知ってほしい		店を出したい
・家族に伝えて連れてきたい	×	・自分たちで新しい店を出そう
・よいところを教えたいな		・また野菜を育てて売りたいな

二七市がにぎわうようにお店を出して助けてあげたいな

大根を育てるよ	店の準備をしたい	⑧
・大きいほうが買ってくれるよ	・地図を載せてポスターを書くよ	
・とにかくたくさん売りたいよ	・計算係や袋係もいるね　※1	

・値段をいくらにするかなかなか決まらないよ

活動を見直すかかわり合い①　①

〈大根の値段はどうしたらよいかな〉

できるだけ安く		まわりの店と同じ　※2
・1本50円ぐらいがよいよ	×	・二七市では150円だったよ
・安いほうがお客さんは来る		・自分たちだけ売れてもだめ

二七市の他の店のことも考えて決める必要があるね

※3

準備をして二七市で店を出すよ　④

・一度にたくさん買ってくれてすぐに売れたからうれしかったよ	・客はほとんど家の人だったよ
・新鮮だねって言ってくれたよ	・売り切れで買いたくても買えない人がいたよ

・このままで二七市がもっとにぎやかになるのかな

活動を見直すかかわり合い②　①

〈どうしたらお客さんがもっと来てくれるかな〉

品数	売り方	宣伝
・数を増やすよ	・おまけを作るよ	・家の人以外にも
・もっと育てるよ	・少しずつ多くの人に	・看板をつくるよ

みんなの意見を生かしてもう一度お店を出したいな

もう一度二七市で店を出すよ	売ったお金は何に使うかな　⑤
・前よりもお客さんが来てくれた	・二七市で買い物をして使いたい
・おまけを渡したら喜んでくれていたよ	・看板をつくればもっと人が来るよ　※4

・会長さんがとても喜んでくれてうれしかったよ　※5

活動を振り返るかかわり合い　①

仲間からの学び	自分の成長	くすのき学習の学び
・二七市の店の人のことも考えて値段を決めていたよ	・思っていることを仲間に伝えられるようになったよ	・仲間のおかげで自分の考えを見直すことができたよ

[教師支援]

◆　1学期に育てた野菜を家族で食べたときの様子を振り返り，自分の行為で誰かが喜んでくれると自分もうれしくなるという意識をほりおこす。

※1　仲間と意見が異なり，自分の考えに自信がもてずにいる姿を見せたが，その後の葛藤を見通し，仲間とは視点の違いがあることに気づけるように，考えを認める対話をする。　(p.106)

※2　自分の考えに自信をもち始めたが，一つの考えで満足した姿を見せたところで，新たな視点から考えられるようにするために，活動を見直すかかわり合いを設定する。　(p.107)

※3　仲間と意見が異なったことで困り，共感性がはたらきやすくなったところで，店の人の立場もふまえて値段を決めることができるように，再度二七市に出かけ，値段の決め方に焦点を絞って店の人にインタビューするようにする。　(p.108)

※4　二度目の販売活動で達成感を感じたところで，さらに自分たちの活動に，価値を感じられるようにするために，会長さんから直接認めてもらう場を設定する。

※5　自分たちの活動のよさを実感できたところで，自己の成長を自覚できるように，活動を振り返るかかわり合いを設定する。　(p.109)

4 仲間とかかわりながら，思いや願いの実現に向けて動き出す千穂

「やっぱりこのお金で，ずっと見てもらえる看板をつくるのがいいと思う」

二七市をにぎやかにしたいという思いや願いを高めていった子どもたち。二七市をにぎやかにするための活動として，自分たちが育てた大根を売るお店を出した。お店を出すことに一生懸命だった子どもたちにとって，突然入ってきた大根を売り上げたお金。その使い道をどうするのか。二七市で買い物をするのがよいか，二七市をPRする看板をつくるのがよいか。二七市をにぎやかにしたいという思いや願いを高めてきたからこそ，子どもたちは話し合った。こ

看板がよいと思う

れまで自分から仲間に対してはたらきかけることをためらっていた千穂が，「ずっと見てもらえる」と，仲間に自分の考えを語った。今だけでなく，今後の二七市がにぎやかになることを願っていたのだった。千穂のこのような姿が見られるに至った経緯を以下に述べていく。

二七市をにぎやかにしたいと思いや願いを高める千穂

子どもたちは，二七市に何度も出かけ，買い物をしたり，お店の人と交流したりした。二七市開催の日は，「朝，魚屋さんとお話をしてきた」「今日も二七市に行こうよ」と口々に言うほど，子どもたちは，二七市を身近に感じ，二七市のことが大好きになった。千穂も，休日に母親と二七市に出かけるほど二七市に愛着をもつようになった。そして，子どもたちは，二七市の会長さんと出会い，「昔と比べてお店やお客さんの数が減って寂しい」という気持ちを聞き，にぎわっていた頃の二七市の写真を見せてもらった。

やっぱり<u>たすけてあげたい</u>。長い間ずっと続けていたのに，会長さんもくるしいと思った。

（10月20日　千穂の学習記録）

話を聞いた千穂は，会長さんの気持ちに寄り添い，「たすけてあげたい」と考えた。学級全体でも，会長さんを喜ばせたい，二七市に人がたくさん集まってほしいと，子どもたちそれぞれが思いや願いをもったところで，思いや願いを確かめ合うかかわり合いを設定した。

千穂　8　<u>助けてあげたい</u>です。なぜかというと，今は，あんまり行列とかしてなくて，いっぱい人が来なく
　　　　なったから，寂しそうだなって思った。
　　　ー〈略〉ー

周平　14　千穂さんにかかわって，人も昔より少なくなったし，<u>八百屋さんもやめちゃった</u>から，会長さんが
　　　　喜ぶような<u>お店を作りたい</u>。

T　　15　どんなお店を作りたいの？
　　　ー〈略〉ー

くすのき

| 実奈 37 | <u>野菜を作って</u>，二七市で売りたいです。なぜかというと，お客さんが多くなったらよいからです。 |
| 吉広 38 | <u>八百屋さんになりたい</u>です。なぜなら，八百屋さんがやめたからです。 |

（10月25日　思いや願いを確かめ合うかかわり合い　授業記録）

<u>店を出すなんてそうぞうもしませんでした</u>。もっと<u>にぎやかにしたい</u>。　　　（10月25日　千穂の学習記録）

かかわり合いのなかで，千穂8「助けてあげたい」のように，子どもたちは，会長さんのため，二七市のために，来客が少なくなってしまった状況をなんとかしたいと，思いや願いを確かめ合った。ここで，教師は，思いや願いの実現に向けて，具体的な活動まで考えている周平を指名した。「八百屋さんもやめちゃった」「お店を作りたい」（周平14）という発言をきっかけに，実奈37「野菜を作って」，吉広38「八百屋さんになりたい」と，子どもたちは自分たちが育てた野菜でお店を出すという活動の方向性を見いだした。これは，1学期に自分たちが育てた野菜を給食で出してもらい全校児童を喜ばせた経験からきている。千穂は，「なんて」と，想像もしていなかったお店を出すという仲間の発想に驚きを感じながらも，「にぎやかにしたい」と思いや願いを高めたのである。

値段を決めることをとおして自分たちの活動を見直す千穂

子どもたちは，育てた野菜でお店を出す活動を始めた。グループに分かれて，売りに出す野菜として自分たちで選んだ大根を熱心に育てたり，自分たちのお店の看板をつくったりした。売りに出す大根が大きくなってくると，子どもたちは，この大根をいくらで売るのかを考え始めたが，なかなか意見がまとまらなかった。

<u>しょうじき</u>，はるなちゃんが書いたねふだのねだんは高くて，<u>よかったのかな</u>と思いました。　　（11月8日　千穂の学習記録）

千穂は，「よかったのかな」と同じグループの春菜の考えた大根の値段に納得ができていない様子であった。また，「しょうじき」と，自分の考えを学習記録に書くものの，**その場で春菜に伝えることはできなかった**👁。教師は，千穂が大根の値段についての考えをはっきりさせられるように，考えのよさを認める対話を行った🈯。

Ｔ	どうして高いなって思ったの？
千穂	春菜ちゃんは1本250円で売ろうとしてて，がんばって無農薬で育てた大根だから高く売りたいのは<u>わかるんだけど</u>。
Ｔ	千穂さんはどうして安くしたいと思っているの？

👁…非認知的能力の視点でとらえた子どもの姿

🈯…非認知的能力に着目した教師支援

千穂は，仲間に対する遠慮からか，自分の考えを伝えることをためらっている。このまま活動を続けると，春菜の考えに流されてしまうかもしれない。千穂の値段についての考えを対話ではっきりさせ，その考えのよさを認めれば，自分と仲間の考えを比べたうえで，どうするべきかを考えられるだろう。

葛藤を見通し，考えを認める対話
（p.104※1）

千穂	高すぎるとお客さんがたくさん来てくれないし，50円なら買ってくれると思う。
T	安くしてお客さんに来てもらって自分たちの大根を買ってほしいんだね。 （11月8日　千穂との対話記録）

　対話のなかで，千穂は，「わかるんだけど」と自分たちが大事に育ててきた大根だからという春菜の考えの背景に目を向け，理解しようとしていた。一方で，千穂は，「お客さんがたくさん」「買ってくれる」と，大根の値段を安くすることで，**多くの人に二七市に来てもらいたい，自分たちの大根をたくさん売りたいという考えをはっきりさせた**👁。

　千穂とは違うグループのなかには，二七市にあるお店のことを考えて，値段を決めたほうがよいと考える葉月らの姿があった。ここで，教師は，大根を売る値段について，春菜の「大事に育てたから高くしたい」，千穂の「たくさん売りたいから安くしたい」，葉月の「二七市にあるお店のことを考えて決めたい」という子どもたちの視点の違いから生まれる葛藤を見通した。自分と仲間の考える視点の違いを比べることで，自分たちが育てた野菜を売るお店を出す活動が，何のためであったのかと，自分たちの活動を見直すことにつながると考え，活動を見直すかかわり合いを設定した支。

伸二	88	1本1円で売ればすぐ売れるじゃん。
千穂	89	さすがに1円は安すぎるよ。大根がすぐになくなっちゃう。やっぱり50円がよいよ。
葉月	90	二七市は150円で売ってたよ。二七市の他のお店のこともあるから同じぐらいで売るのがよいよ。
千穂	91	うーん。どうしたらよいかな。

（11月9日　活動を見直すかかわり合い①　授業記録）

　千穂89「やっぱり」と，千穂は，自分の考えを伝えることができた。そして，二七市で売っていた大根と同じぐらいの値段で売ればよいと考えている葉月の発言を聞いて，千穂91「どうしたらよいかな」と悩む様子を見せた。学級全体も悩み，このかかわり合いのなかだけでは，大根の値段を決めることができなかった。

対話によって自分の考えがはっきりした千穂。このタイミングで活動を見直すかかわり合いを設定すれば，仲間の考えに流されることなく，自分の考えを仲間に伝えられるだろう。そして，自分と仲間の考えを比べることで，様々な立場からの視点で値段について考え，活動を見直すことができると考えた。

活動を見直すかかわり合いの設定
　　　　　（p.104※2）

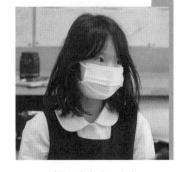

どうしたらよいかな

くすのき

T	どうしたらよいかなって言ってたのは，なんで？
千穂	葉月ちゃんの言うこともわかるから。
T	つまりどういうこと？
千穂	50円がいいと思ってたけど，二七市のお店のことを考えていなかったなって思って。

（11月9日　千穂との対話記録）

千穂は，「わかるから」と，ここでも仲間の考えの背景を理解しようとしていた。そして，「けど」と，仲間と自分の考えを比べることで，二七市にあるお店のことも考える必要性に目を向け，**自分の対象へのかかわり方を見つめ直している**。そこで，仲間の考えで値段を決めるだけでなく，二七市のための活動であると活動を見直し，自己決定できるように，値段の決め方について，二七市のお店の人にインタビューする場を設定した。

のうかからちょくせついれているからやすくできる。でも，せいかつするためにはすこし高くなるのもしょうがないらしい。やっぱり，やすいだけじゃだめなんだな。(11月12日　千穂の学習記録)

千穂	安いのもよいけど二七市のことも考えなきゃ。お店の人の迷惑になるといけないから。

（11月12日　グループでの話し合いの記録）

二七市でのインタビューをとおして，千穂は，「やすいだけじゃだめなんだ」と，自分の考えを改めて見つめ直した。そして，その後の話し合いのなかで，「いけない」と，二七市のお店の人のことも考えて値段を決める必要があると仲間に伝えたのだ。この話し合いをとおして，千穂のグループは1本100円で大根を売ることに決めた。二七市をにぎやかにしたい，それは二七市のための活動であると，自分たちの活動を見直し，思いや願いの実現に向けて，自己決定したのである。

活動の価値を見いだし，自己の成長を自覚する千穂

二七市でお店を出すと，子どもたちが育てた大根は，次々と売れていった。自分たちが育てた野菜でお店を出す活動は大成功であった。活動を終えた子どもたちの手

このまま活動を見直すかかわり合いを続ければ，千穂は，共感性をはたらかせてお店のことを考える仲間の視点を取り入れ，値段を決定することができるだろう。しかし，値段が決められたことだけに目が向いてしまわないだろうか。この活動そのものが二七市のお店の人のためであることを千穂が意識するためには，実際にお店の人に会って話を聞くことが必要なのではないかと考えた。

インタビューする場の設定（p.104※3）

どうやって決めてますか

元には，大根を売り上げたお金が残った。子どもたちは，このお金の使い道について話し合った。二七市で買い物をするのがよいか，二七市をPRする看板をつくるのがよいか。どちらも二七市のためを思った考えである。

どんどん売れるよ

和樹 23	買い物は店の人も喜ぶし，買い物したらお母さんも喜ぶよ。
雄大 24	お店の人も儲かるし，ぼくたちも買い物できてうれしい。
千穂 25	でも，ずっと見てもらえる看板のほうがよいと思う。

（1月22日　授業記録）

千穂25「ずっと見てもらえる」と，千穂は，自分の考えを仲間に伝えることができた。二七市をにぎやかにしたいという思いや願いを高めてきたからこそ，千穂は，よりよい活動の方向性を自己決定することができたのだ。話し合いの結果，子どもたちは二七市のよさを伝える手づくりの看板をプレゼントすることを決めた。

完成した看板を二七市の会長さんに渡した子どもたちは，「みんなのおかげで新しいお客さんが増えた」と話をもらい，**自分たちの活動に大きな達成感を得たのだ**。そこで，自己の成長を自覚できるように，活動を振り返るかかわり合いを設定した。

活動を終え，他者評価をもらうことで，達成感を感じている。このタイミングで，自分たちの活動を振り返ることで，活動の価値を見いだすことができるだろう。そのうえで，今までの活動を振り返ることができるようにすることで，自己の成長を自覚できるだろうと考えた。

活動を振り返る
かかわり合いの設定
（p.104※5）

千穂 17	会長さんにほめられてうれしいです。みんなで，何回も話し合ったから，無事に解決できました。　ー〈略〉ー　自分の考えを伝えないともったいないので，みんなとこれからもいっぱい話します。

（2月4日　活動を振り返るかかわり合い　授業記録）

「みんなで」「解決できました」（千穂17）と，仲間の野菜販売への考えを理解しながら，野菜の値段や売上金の使い道について自己決定してきた。「何回も」と粘り強さをはたらかせて話し合ってきたことを理由として振り返り，自己の成長を自覚する姿を見せた。だからこそ，「これからも」と，今後の仲間とのかかわり方について語ったのだ。

このように，千穂は，仲間とかかわり，二七市をにぎやかにしたいという思いや願いを高めて活動してきた。粘り強く話し合い，共感性をはたらかせながら仲間の野菜販売への考えを理解してきたことで，自分の考えを見つめ直して自己決定し，自己の成長を自覚したのだ。

くすのき

子どもが自己の成長を自覚できるようにするための教師支援①

> 社会科　3年
> 「透明すぎる心太（ところてん）に込められた　永井さんの思い」(p.113)

　「永井さんは，どうしてわざわざ手作業でつくっているのかな」と問いをもった勇多は，永井さんだけでなく，同業者や取引先，お客さんに聞き取りをするなかで，永井さんの心太づくりへの思いに迫っていった。核心に迫るかかわり合いで勇多は，「心太をたくさん人に知ってもらえるから永井さんは手作業でやっていると思いました」と発言し，永井さんの思いに迫る姿を見せた。その姿から，教師は，勇多が教科・領域特有の資質・能力の高まりを実感し，自己の成長を自覚できると考え，振り返り作文を書く場を設定した。

自己の成長を自覚できるようにするための教師支援Ⅰ　〈振り返り作文〉
① 今までの学習記録やかかわり合いの板書を見返しながら，自分の追究を振り返る場を設定する。
② 自分の追究を振り返ったところで「これまでの追究を振り返って成長したこと」というテーマで振り返り作文を書く場を設定する。

> 　ぼくは，友だちの意見を聞いて，新しい意見を作れるようになりました。－〈略〉－　ふりかえると，しょうごくんがきかいで全ぶ作っている会社があると聞いて，ぼくはくらべてみようと思ったところです。
> 　　　　　　　　　　　　　　　　　　　　　　　　　（1月23日　勇多の振り返り作文）

　振り返り作文では，具体的な場面までは想起できていない。そこで，具体的な場面を教室掲示と結びつけて想起することができるように，学びを振り返るかかわり合いのなかで，教師が問い返しを行った。

自己の成長を自覚できるようにするための教師支援Ⅱ
〈学びを振り返るかかわり合いでの教師の問い返しと追究の流れがわかる教室掲示の活用〉
① 「これまで追究してきて思ったこと，考えたこと」についてかかわり合いをする。子どもが語る成長のきっかけが曖昧な場合は，きっかけが明確になるように問い返す。
② きっかけとなる場面の教室掲示を示すことで，その場面を学級全員で共有できるようにする。

> | 勇多 36 | <u>昌吾君の意見で機械のことも一緒に調べることができました。だから，友だちの意見を聞いて，新しい意見をつくれるようになりました。</u> |
> |---|---|
> | T　37 | 昌吾さんのどの意見かな？ |
> | 陽志 38 | 11月18日じゃない？ |
> | 勇多 39 | うん，そう。 |
> | T　40 | 11月18日のどの意見のこと？（掲示を示す） |
> | 勇多 41 | <u>11月18日の右のほうの，昌吾君が，A社の心太を調べてくれて，</u>－〈略〉－ それを聞いて機械も必要なのかなと思って，それも一緒に調べることができた。 |

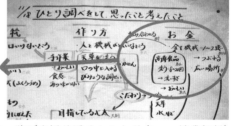

> 　　　　　　　　　（1月25日　学びを振り返るかかわり合い　授業記録）

　教師が子どもをとらえ，必要なタイミングで教師支援を講じた。その結果，学びを振り返るかかわり合いのなかで，成長した場面を想起し，自己の成長を自覚したのである。

第Ⅳ章
各教科・くすのき学習　単元構想図

　各教科・領域における問題解決学習の展開をもとに，図示したものが単元構想図である。教師の見通しと，目の前の子どもの意識にずれが生じた場合には，随時変更し，構想し直しながら授業を進めていく。

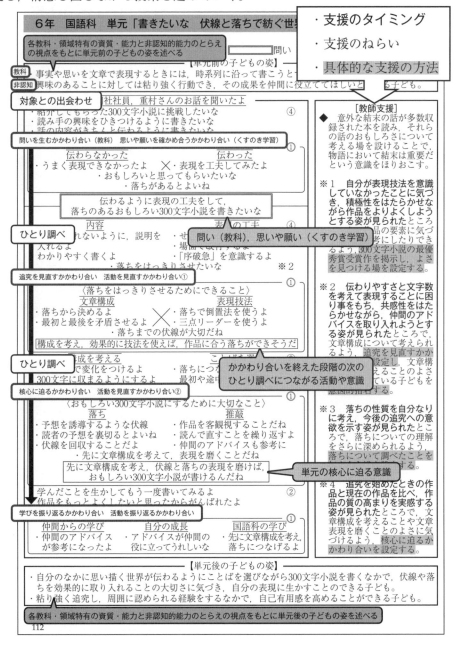

6年　国語科　単元「書きたいな　伏線と落ちで紡ぐ世界　－300文字小説－」

○ひとり調べの時数　　◎かかわり合いの時数　　□□□□問い　　◆ほりおこし　（17時間完了）

【単元前の子どもの姿】
・事実や思いを文章で表現するときには，時系列に沿って書こうとする傾向がある子ども。
・興味のあることに対しては粘り強く行動でき，その成果を仲間に役立ててほしいと考える子ども。

―― 新聞社社員，重村さんのお話を聞いたよ ――
・紹介してもらった300文字小説に挑戦したいな　　　　　　　　④
・読み手の興味をひきつけるように書きたいな
・話の内容がきちんと伝わるように書きたいな
問いを生むかかわり合い　　　　　　　　　　　　　　　　　　①

伝わらなかった	伝わった
・うまく表現できなかったよ　✕	・表現を工夫してみたよ
・おもしろいと思ってもらいたいな	
・落ちがあるとよいね	

┌─────────────────────────┐
│ 伝わるように表現の工夫をして，　　　　　　　　　│
│ 落ちのあるおもしろい300文字小説を書きたいな　　│
└─────────────────────────┘

内容	表現の工夫	④
・勘違いされないように，説明を入れるよ	・せりふを入れるよ	※1
・わかりやすく書くよ	・場面で改行するよ	
	・「序破急」を意識するよ	
	・落ちをはっきりさせたいな	※2

追究を見直すかかわり合い　　　　　　　　　　　　　　　　　①

┌─────────────────────────┐
│ 〈落ちをはっきりさせるためにできること〉　　　　│
│ 　文章構成　　　　　　　　　表現技法　　　　　　│
│ ・落ちから決めるよ　　✕　・落ちで倒置法を使うよ　│
│ ・最初と最後を矛盾させるよ　・三点リーダーを使うよ│
│ 　　　　　・落ちまでの伏線が大切だね　　　　　　│
│ ┌──────────────────────┐│
│ │構成を考え，効果的に技法を使えば，作品に合う落ちができそうだ││
│ └──────────────────────┘│
└─────────────────────────┘

構成を考える	ことばを選ぶ	③
・話のなかで変化をつけるよ	・落ちにつながることばを	※3
・300文字に収まるようにするよ	最初や途中に入れるよ	※4

核心に迫るかかわり合い　　　　　　　　　　　　　　　　　　①

┌─────────────────────────┐
│ 〈おもしろい300文字小説にするために大切なこと〉│
│ 　落ち　　　　　　　　　　　推敲　　　　　　　　│
│ ・予想を誘導するような伏線　・作品を客観視することだね│
│ ・読者の予想を裏切るとよいね　・読んで直すことを繰り返すよ│
│ ・伏線を回収することだよ　　・仲間のアドバイスも参考に│
│ 　　・先に文章構成を考えて，表現を磨くことだね　│
│ ┌──────────────────────┐│
│ │先に文章構成を考え，伏線と落ちの表現を磨けば，││
│ │おもしろい300文字小説が書けるんだね　　　　　││
│ └──────────────────────┘│
└─────────────────────────┘

・学んだことを生かしてもう一度書いてみるよ　　　　　　　②
・作品をもっとよくしたいと思ったからがんばれたよ
学びを振り返るかかわり合い　　　　　　　　　　　　　　　①

仲間からの学び	自分の成長	国語科の学び
・仲間のアドバイスが参考になったよ	・アドバイスが仲間の役に立ってうれしいな	・先に文章構成を考え，落ちにつなげるよ

【単元後の子どもの姿】
・自分のなかに思い描く世界が伝わるようにことばを選びながら300文字小説を書くなかで，伏線や落ちを効果的に取り入れることの大切さに気づき，自分の表現に生かすことのできる子ども。
・粘り強く追究し，周囲に認められる経験をするなかで，自己有用感を高めることができる子ども。

［教師支援］
◆　意外な結末の話が多数収録された本を読み，それらの話のおもしろさについて考える場を設けることで，物語において結末は重要だという意識をほりおこす。

※1　自分が表現技法を意識していなかったことに気づき，積極性をはたらかせながら作品をよりよくしようとする姿が見られたところで，よい作品の要素に気づいたり，参考にしたりできるよう，300文字小説の最優秀賞受賞作を掲示し，よさを見つける場を設定する。

※2　伝わりやすさと文字数を考えて表現することに困り事をもち，共感性をはたらかせながら，仲間のアドバイスを取り入れようとする姿が見られたところで，文章構成について考えられるよう，追究を見直すかかわり合いを設定し，文章構成を先に考えることのよさに目を向けている子どもを意図的指名する。

※3　落ちの性質を自分なりに考え，今後の追究への意欲を示す姿が見られたところで，落ちについての理解をさらに深められるよう，落ちについて調べたことを伝え合う場を設定する。

※4　追究を始めたときの作品と現在の作品を比べ，作品の質の高まりを実感する姿が見られたところで，文章構成を考えることや文章表現を磨くことのよさに気づけるよう，核心に迫るかかわり合いを設定する。

3年　社会科　単元「透明すぎる心太に込められた　永井さんの思い」

○ひとり調べの時数　　◎かかわり合いの時数　　[＿＿＿＿]問い　　◆ほりおこし　（20時間完了）

【単元前の子どもの姿】
・自分が考えていることを，根拠をもって伝えることができる子ども。
・納得のいくまでひとり調べを進め，こだわりをもって追究することができる子ども。

永井さんの心太づくりを見たり，話を聞いたりしたよ
・10回も天草を洗っているなんて大変　　　　　　　　　　　　　　②
・２日間もかけてつくっていて，手間がかかっているよ

問いを生むかかわり合い　　　　　　　　　　　　　　　　　　　　①

永井さんのすごさ	機械のすごさ
・昔のつくり方を変えない　✕	・早く簡単にできる
・大事な部分は手作業	・短い時間で正確にできる

永井さんはどうしてわざわざ手作業でつくっているのかな

永井さんから聞いたよ	大量生産の会社を調べて　⑧
・お客さんのために	・機械だけでつくっているよ
・最後は自分で確認するよ	・天草にこだわっている

→他の心太屋さんも調べて比べてみたいな

永井さんの心太を調べて	他の心太屋を調べて
・伝統と新しいものを	・１，２回しか洗っていないよ
・ネットで購入できるよ	・値段が安いよ　　※1

追究を見直すかかわり合い　　　　　　　　　　　　　　　　　　　①

〈永井さんの心太はどこで買えるのかな〉
永井さんの心太について	他社の心太について
・スーパーにない　✕	・スーパーにたくさんあった
・値段が少し高い	・値段が安かった

どうして永井さんの心太はスーパーにはないのかな　※2

売り場を調べて	値段を調べて　　※3⑥
・一部のスーパーにあるよ	・機械でつくったほうが安いよ
・売る場所を限定しているよ	・手づくりは高いんだね

→取引先や買っている人の思いも聞きたいな

永井さんの思い	お客さんの思い	取引先の思い
・安くしなくてよい　場所で売る	・おいしいから買う	・おいしい　※4
	・値段は気にしない	・互いに信頼

核心に迫るかかわり合い　　　　　　　　　　　　　　　　　　　①

〈永井さんはどうしてわざわざ手作業でつくっているのかな〉
永井さんの思い	お客さんの思い	取引先の思い
・買う人の願いに応えるために	・値段よりもおいしいものを買う	・互いに信頼
		・安心なものを

永井さんの心太を必要としてくれている人のために，
こだわって心太をつくり続けているんだね

学びを振り返るかかわり合い　　　　　　　　　　　　　　　　　①

仲間からの学び	自分の成長	社会科の学び
・仲間と考えをかかわらせるって楽しいね	・仲間の考えの意味や，よいところを考えたよ	・永井さんは，取引先やお客さんのために仕事をしているね

[教師支援]
◆　附属小の伝統について，話し合いをすることで，長く続けることに，価値があるという意識をほりおこす。

※1　ひとり調べに自信をもち，安易に満足したところで，仲間の考えに目を向け，新たな追究の視点をもつことができるよう，朱記や対話で考えをゆさぶったうえで，追究を見直すかかわり合いを設定する。

※2　かかわり合いの場において，永井さんの視点からの考えが多く見られたところで，新たな追究の視点をもつことができるよう，買い手や取引先の立場から考えている子どもを意図的指名する。

※3　新たな追究の視点をもつことができるようになったところで，永井さんからの視点だけでなく，買い手や取引先の視点に迫れるよう，インタビューや電話取材の場を設定する。

※4　仲間のひとり調べや考えに興味を示したところで，様々な考えや視点にふれることができるよう，仲間の考えを一覧にして配付し，自由に意見交流する場を設定する。

【単元後の子どもの姿】
・永井さんの心太づくりにふれ，その意味や背景を探るなかで，つくり手，買い手，取引先の異なる視点から事実をつかみ，多面的に考えることができる子ども。
・仲間の考えに目を向け，自分と異なる仲間の考えを尊重しながら，受け止めることができる子ども。

1年　算数科　単元「ささっとわけて　パッとまとめて　ただしくだすよ『ボッチャ』のとくてん　－たしざん－」

○ひとり調べの時数　　◎かかわり合いの時数　　[⎵⎵⎵⎵]問い　　◆ほりおこし　（14時間完了）

──────【単元前の子どもの姿】──────
・生活場面にある数を身近に感じ，具体物を扱いながら数量を処理している子ども。
・疑問に感じたことを仲間と共有し，ともに解決に向かおうとする子ども。

┌─────ボッチャで遊んで，得点を計算するよ─────┐
・どうしたらあんなに点が取れる　　　・得点表の得点がおかしい　④
　のかな　　　　　　　　　　　　　　　と思う
・得点の合計を見ると強さがわか　　　・得点を間違えずに計算したいよ
　るよ　　　　　　　　　　　　　　　・得点の計算が難しいよ
問いを生むかかわり合い　　　　　　　　　　　　　　①
┌───────────────────────────┐
│　　こつこつ数えて　　　　　　　考えて計算をして　│
│・間違えないように数えるよ　✕・頭のなかで10をつくるように│
│・1ずつ増やして数えるよ　　　　数を分けると速くてよい　　│
└───────────────────────────┘

┌─数のたし方を考えて，間違えずに速く計算したいな（8＋6の場合）─┐
│　増やしていって　　　片方の数を分けて　　両方の数を分けて②│
│・1，2…と数える　　　●●●○○○○○○○　　●●●○○○○○○○ │
│　●●●●●●●●●○○　　　　　　　　　　　　●●●○○○○○○○ │
│・9から増やす　　　　・6を2と4に分けて　・8を3と5，6を　│
│●●●●●●●●●●●●●●　・8を4と4に分けて　　1と5に分けて　│
追究を見直すかかわり合い　　　　　　　　　　　　　※1　①
┌───────────────────────────┐
│　〈いろいろな方法を聞いたり，試したりして思ったこと〉　│
│　間違えにくい　　　　計算が簡単　　　　速くできる　　　│
│・数えていくのは時間　・5＋5や10＋○の　・10をこえる数は│
│　がかかるけど，確か　　たし算は誰でもで　　10と○になるよう│
│　めるときは必要だよ　　きるよ　　　　　　　に分けると速いよ│
│　　　　　他の得点でも，同じようにできるのかな　※2　│
└───────────────────────────┘

　　数えたしをして　　　場合によって変えて　　まとまりをつくって②
・増やすほうが簡単　　・数小さい→数えたし　・0のある計算は楽
・数えるほうが楽なの　　数大きい→まとまり　・5のまとまりも簡単
　に，なんでみんなまと　・計算がわかればどち　・まとまりで考えるのは
　まりをつくるのかな　　　らでもよい　　　　　　これから必要※3
核心に迫るかかわり合い　　　　　　　　　　　　　　　　①
┌───────────────────────────┐
│　〈合計得点を数える方法を考えてきてわかったこと〉　　│
│　得点によって変えることのよさ　　まとまりをつくることのよさ│
│・数えたしは正確だからよいね　　・10までが数の基本だよ　│
│・どちらも知っていたほうが　　　・5，10，15とか10，20，30は│
│　場合によって選べてよいね　　　　簡単　　　　　　　　　│
│いろいろな合計の出し方のよさを考えながら計算する必要があるんだね│
└───────────────────────────┘
・何度も試合をして今度は間違えないようにさっと得点を出すよ②
学びを振り返るかかわり合い　　　　　　　　　　　　　①
┌───────────────────────────┐
│　仲間からの学び　　　自分の成長　　　算数科の学び　　│
│・方法が一つでない　・自分に合う計算の　・どちらの方法もよい│
│　からおもしろい　　　方法を決められる　・計算が速くなったよ│
│　　　　　　　　　　　ようになったよ　　　　　　　　　　│
└───────────────────────────┘

──────【単元後の子どもの姿】──────
・数の合成や分解など，数の構成に着目し，生活場面にある様々な数量を簡潔に処理できる子ども。
・仲間とのかかわりのなかで，仲間の考えに共感し，仲間とともに問題を解決しようとする子ども。

──[教師支援]──
◆　ブロックつかみ取りゲームを行い，取ったブロックの数を競うことで，たくさんの数を扱うことや，速く数えることは楽しいという意識をほりおこす。

◆　整理整頓する意味を考えるための学級会を行い，身のまわりのものが整理整頓してあると，ものを速く見つけたり，片づけたりするのが簡単でよいという意識をほりおこす。

※1　合計得点が誤っていた場合について自分の方法がもてたところで，共感性をはたらかせ，数の増加や合併，合成や分解などに目を向けられるように，自分なりの方法を記入した画用紙を掲示し，自分と仲間の考えを見比べる場を設定する。

※2　自分の方法の足りなさを感じ，共感性がはたらきやすくなったところで，新たな追究の視点をもてるように，追究を見直すかかわり合いを設定し，さらに数が大きいときでも使えるという視点で考えている子どもを意図的指名する。

※3　仲間の考えのよさに目を向けたところで，場合に応じた最適な計算方法を選択したり，10のまとまりや，10の補数を生かしたりしながら，これまでの方法を応用できるように，これまでに考えてきた式以外のたし算について，試す場を設定する。

4年 理科 単元「つなぎかたを工夫して 生み出せ電流! 災害時にも使えるよ 炭電池」

○ひとり調べの時数 ◎かかわり合いの時数 ☐☐☐☐問い ◆ほりおこし (18時間完了)

──── 【単元前の子どもの姿】 ────
・目の前にある自然事象に関心が高く,実験や観察に進んで取り組む子ども。
・自分の考えを主張したり,仲間の考えに耳を傾けたりすることができる子ども。

炭と食塩を使って,電池を作ってみるよ
・こんな材料で電池が作れるのが不思議だな　　　　　　④
・ラジオやランタンは作動しないね
問いを生むかかわり合い　　　　　　　　　　　　　　①

こんな電池にしたい		作り方やつなぎ方の工夫
・電流を大きくしたいな	✕	・炭の量を変えたいな
・長持ちさせたいな		・2個つなげてみたいな
・電池を大きくしたいな		・つなぎ方を変えてみるよ

┌─────────────────────────┐
│ 防災グッズを使うために, │
│ 大きな電流が長持ちする炭電池を作りたいな │
└─────────────────────────┘

つなぎ方の工夫	作り方の工夫　　⑤
・直列つなぎにすると電流が大きくなるよ	・炭電池を大きくしても電流は大きくならないね
・並列つなぎは電流の大きさは変わらないね	・塩水が多いと電流が長持ちするよ　　※1

追究を見直すかかわり合い　　　　　　　　　　　　①

〈どうすればもっと電流が大きくなるのかな〉		①
つなぐ数と電流の大きさ	✕	電流の向きと大きさ
・100mAの電流を流すには四つ直列につなぐとよいよ		・電流の向きを意識すると電流を大きくできそうだ

　正しく直列つなぎをすれば,電流を大きくできそうだな　※2

電池の数とつなぎ方	電流の向きとつなぎ方　③
・直列につないだ分だけ大きくなるんだね	・ショート回路は危険だよ
・直列に2個つないでも電流は2倍にならないね	・並列つなぎでラジオとライトが同時に使えるよ

核心に迫るかかわり合い　　　　　　　　　　　　　①

〈炭電池で大きな電流を長持ちさせるために大切なこと〉		
つなぎ方	電流の向き	作り方
・つなぎ方によって電流の大きさが変わるよ	・電流が流れる向きをそろえることが大切だよ	・電池を大きくすると長持ちさせられるね

　つなぎ方と作り方の工夫で,大きな電流を長持ちさせられるね

・炭電池を使って,防災体験をしてみるよ　　　　　　②
学びを振り返るかかわり合い　　　　　　　　　　　①

仲間からの学び	自分の成長	理科の学び
・考えが違う仲間とも協力して活動できたよ	・自分がわかるまで調べることができたよ	・つなぎ方と電流の関係がわかったよ※3

[教師支援]
◆ 避難訓練や被災者の困り事を知る機会を設定することで,生活のなかで水や電気が当たり前にあるものではなく,その確保が非常に大切であるという意識をほりおこす。

※1 追究が停滞したり,困り事を感じたりして共感性がはたらきやすくなったところで,防災グッズを動かすために,電流を大きくする方法について新たな追究の視点をもてるように,追究を見直すかかわり合いを設定する。

※2 複数の炭電池を使えばよいという発言が多く見られたところで,共感性をはたらかせて,自分のつなぎ方を見直せるように,つなぎ方によって電流の大きさが変わると考えている子どもを意図的指名する。

※3 かかわり合いの場においてこれまでの追究の成果についての発言が多く見られたところで,あきらめずに活動した結果,大きな電流が長持ちする炭電池について科学的に考えることができるようになったと実感できるように,苦労した場面や考えが変わった場面についての話題に焦点化する。

──── 【単元後の子どもの姿】 ────
・生活経験やこれまでの実験の結果を根拠に,予想や仮説を立て,大きな電流が長持ちする炭電池の開発やつなぎ方を調べる追究をとおして,電池のつなぎ方のしくみを明らかにすることができる子ども。
・目標を達成するために,自らの追究の成果と課題を整理し,課題を解決しようと試行錯誤しながら粘り強く取り組むことができる子ども。

○ひとり調べの時数　　◎かかわり合いの時数　　□□□□□問い　　◆ほりおこし　（14時間完了）

【単元前の子どもの姿】
・仲間と楽しむことのよさを知っていて，自分なりの感覚で音や音楽を感じ取ろうとする子ども。
・まわりの仲間に目を向けて，声をかけたり仲間のよさを認めたりすることができる子ども。

2学級みんなで歌詞を考えた応援ソングを歌うよ

・自分たちを応援するメッセージが入っているね　③
・がんばりたいときに元気よく歌いたいな

問いを生むかかわり合い　①

楽しい感じで歌う	楽しいだけではない
・応援ソングだから，楽しくないとやる気も出ないし，がんばれない	・途中（3番の最初）のところは，曲の感じが違うから，優しい感じで歌いたい

曲に合う歌い方を考えて，みんなで歌いたいな　③

歌うときの気持ち	声の強さ
・「そんなとき」　・そのまま　は気持ちが　悲しい感じで　晴れていく　歌う	・元気に歌い　・強弱だけでは　たいところ　だめ　は強く　※1

・歌い方を考えてみたけれど，本当にそれでよいのかな
　みんなの歌い方メモを見るよ　※2①
・どうして「そんなときには」から少し寂しく歌ったのかな

追求を見直すかかわり合い　①

〈3番の歌い方はどのように変えると曲に合うのかな〉

歌詞から考えて	ピアノの音を聴いて　※3
・ことばに合わせる	・音の数から考える
・片方だけでなく歌詞とピアノの音のどちらからも考える	
歌詞やピアノの音に合わせて，歌い方を変えるとよさそうだね	

歌詞に合う歌い方	ピアノの音に合う歌い方　②
・「合言葉」を「合」と「言葉」で分けるのではなくつなげて	・音が増えるところから元気にしていくと合う

応援ソングを歌うよ　①

・歌い方をみんなで合わせて歌うと，やる気が出るよ
・始めに比べてよくなったよ　・変わったところを整理しよう※4

核心に迫るかかわり合い　①

〈曲に合う歌い方を考えるときに大切なこと〉

歌詞やピアノの音に合わせること	気持ちを込めて歌う
・歌詞や音の感じに合わせる	・歌うときの気持ちが合うように，似た気持ちで歌う
・速さや強弱を合わせる	
速さや強弱などを合わせて，似た気持ちで歌うと曲に合うね	

学びを振り返るかかわり合い　①

仲間からの学び	自分の成長	音楽科の学び
・歌い方を参考にしたらできたよ	・何度も考えて歌い方がわかったよ	・歌い方を考えることは楽しいな

[教師支援]

◆　国語科『風のゆうびんやさん』で，様々な音読の仕方をすることで，変化を加えることは楽しいという意識をほりおこす。

※1　「完成した」と安易に満足したり，思うようにできずに追求に停滞が見られたりしたところで，共感性をはたらかせて，自分の考えの足りなさを感じられるように対話をする。

※2　仲間の歌い方が気になりだしたところで，自己調整力をはたらかせながら自分の歌い方のよい点や改善点に気づくことができるように，仲間の歌い方をメモした楽譜を見合う場を設定する。

※3　自分の歌い方の足りなさを感じ，共感性などがはたらきやすくなったところで，新たな視点がもてるように，追求を見直すかかわり合いを設定し，ピアノの音に合わせて歌うことを意識している子どもを意図的指名する。

※4　曲に合う歌い方ができたところで，自分の成長を実感することができるよう，歌っている映像を見比べる場を設定する。

【単元後の子どもの姿】
・曲の感じに合う歌唱表現を追求していくなかで，歌詞や曲の雰囲気から曲の特徴を感じ取り，強弱や速さなどの音楽的諸要素を結びつけ，表現の幅を拡げることで，音楽に親しむことができる子ども。
・曲の感じに合う歌唱表現を追求していくなかで，仲間と表現を聴き合ったり，表現の根拠を伝え合ったりして，自分の表現と仲間の表現を比べながら，粘り強く追求することができる子ども。

6年　図画工作科　単元「120年の歴史をつなぐ　ステンドグラスアート　未来へ残したい　光輝く附属小」

○ひとり調べの時数　　◎かかわり合いの時数　　[　　　　　]問い　　◆ほりおこし　（24時間完了）

───────────【単元前の子どもの姿】───────────

・伝える相手を意識して，手前にある物と背景にある物で画面を構成するよさに目を向けている子ども。
・互いのよさや考えを生かしたり，自分にできることで相手を喜ばせたいと考えたりしている子ども。

───────── 同窓会長のお話を聞くよ ─────────
・120年の歴史と伝統があるね　　・記念となる物を残したいな ①
　　　120周年記念のステンドグラスをつくってみるよ
・光が当たるときれいだね　　　・場所にぴったりだね　　　⑤
　・附属小のマークを使って，見た人が笑顔になる作品にしたいな
問いを生むかかわり合い　　　　　　　　　　　　　　①
┌─────────────────────────────┐
│　ロゴマークの表現　　　　　　　　　背景の表現　　│
│・120年を目立たせたよ　　　　✕　・伝統が伝わるようにしたよ│
│・「本氣」を赤で表そう　　　　　　・附属小らしさを加えたいな│
└─────────────────────────────┘
┌─────────────────────────────┐
│　　主役と背景の表現を考えて，附属小のことを伝えたいな　　│
└─────────────────────────────┘
　　主役の表現　　　　　色の効果　　　　　　背景の表現　⑥
・夢時計と校章を組み　・黄色を使って明るさ　・背景にくすのきを
　合わせたよ　　　　　　を表したよ　　　　　　大きく入れたよ
　　　　　みんなはどうやって表現したのかな　　※1①
・主役を大きく目立たせてみよう　・背景に附属小らしさを加えよう
追究を見直すかかわり合い　　　　　　　　　　　※2①
┌─────────────────────────────┐
│　　〈どうしたら附属小のことがもっと伝わるのかな〉　　│
│　　　背景の工夫　　　　　　　　　画面全体で　　│
│・ふぞくっ子など人を入れて　　　・背景で主役の物を囲むと│
│　楽しさを伝えてみるよ　　　✕　　もっと強調されるかな│
│・伝統が伝わる物を加えよう　　　・主役と背景どちらも大事だね│
│　背景を考えて画面全体で主役を目立たせれば伝わりそうだよ │
└─────────────────────────────┘
　主役と背景の色や大きさ　　　　　画面全体の構成　　⑥
・120thを大きくグラデーション　・背景の円のなかに行事を入れ，
　して目立たせたよ　　　　　　　全面に色を着けたよ
　　　　　全校のみんなに作品を見てもらおう　　　　①
・色の工夫に気づいてくれたよ　　・自分の想いが伝わったよ
核心に迫るかかわり合い　　　　　　　　　　　　※3①
┌─────────────────────────────┐
│　　〈自分の想いを伝えるために大切なこと〉　　│
│　主役と背景の表現　　　画面全体　　　　主役をひき立てる│
│・附属小のシンボル　　・主役も背景もどち　・背景を広くし主役│
│　くすのきを加えた　　　らも大切だね　　　　を目立たせたよ│
│　主役が目立つように画面全体で考えてつくれば附属小のことが伝わるね│
└─────────────────────────────┘
学びを振り返るかかわり合い　　　　　　　　　　①
┌─────────────────────────────┐
│　仲間からの学び　　　　自分の成長　　　　図画工作科の学び│
│・仲間の工夫やアド　　・自分の作品に愛着　・見る人に自分の想│
│　バイスを作品に生　　　がわいて自信がも　　いを伝える色や形│
│　かしたよ　　　　　　　てたよ　　　　　　　を表現できたよ│
└─────────────────────────────┘

［教師支援］
◆　家庭科でつくったバッグを1年生にプレゼントすることで人を喜ばせることはうれしいという意識をほりおこす。

※1　完成した作品について，自分の表現に自信をもてなかったり，解決方法が浮かばず困ったりする子どもの姿が見られたところで，仲間の考えや表現方法から自分の表現の改善点を見返せるように，主役と背景の表現を視点に，2色の付箋紙を用いて互いの作品を見合う活動を行う。

※2　作品を見合う活動を行い，仲間の表現に目を向けたり，仲間の考えを聞いてみたいと関心を高めたりする姿が見られたところで，自分の表現を見つめ直せるようにするために，追求を見直すかかわり合いを設定する。画面全体の構成に着目して追求してきた子どもを意図的指名し，主役をひき立たせる構成について焦点化した後で，作品のコピーや消せるペンを用いて試しの活動を行う。

※3　全校児童から称賛の評価を得て，完成作品について満足感を得たところで，自己の成長を実感できるようにするために，これまでの作品を並べて展示し，完成作品と比較したうえで，核心に迫るかかわり合いを設定する。

───────────【単元後の子どもの姿】───────────

・主役の色や形に加えて，主役をひき立たせるための背景にある物の色や形，配置など，画面全体の構成を考えてつくることで，自分の想いを表現することができる子ども。
・想いとつなげて自分の考えを作品で伝えたり，感じ取った仲間の表現方法のよさを自分の作品に取り入れたりしながら，作品によって自分の想いを表現できたことを実感し，自信を高める子ども。

6年　家庭科　単元「ずっと大切に使ってもらいたい　ペアにぴったりのバッグづくり」

○ひとり調べの時数　　◎かかわり合いの時数　　◻️◻️◻️◻️問い　　◆ほりおこし　（22時間完了）

【単元前の子どもの姿】
・示された方法や手順に沿って製作したり，意欲的に製作活動に取り組んだりすることができる子ども。
・一人で考えて行動したり，興味をもったことにとことん取り組んだりすることができる子ども。

前にペアにプレゼントしたバッグを見たよ
・使ってくれてうれしい　　　　　・縫い直してあったよ　　　　　　①
　　　　・家の人がアレンジして飾りがついていたよ
　　　　　　自分のペアだけのバッグを作るよ　　　　　　　　　　③
・ペアに合わせた大きさにしてあげたいな
・飾りを工夫して，ペアだけのバックにしたいな

問いを生むかかわり合い　　　　　　　　　　　　　　　　　　　　①
┌──────────────────────────────┐
│丈夫さやデザイン　　　　　　　ペアの体に合わせて　　　　│
│・長く使えるように　　　　×　・身長に合わせて　　　　　│
│・ペアが好きな色を使いたい　　・ペアの子が持ちやすいように│
└──────────────────────────────┘

┌──────────────────────────────┐
│ずっと大切に使ってもらえるペアにぴったりのバッグを作りたいな│
└──────────────────────────────┘

丈夫さを考えて　　　　　　ペアに合わせることを考えて　⑤
・丈夫に作るからこそずっと　・ペアが使いやすいと思える
　大切に使ってもらえるよ　　　バッグにしたいな　　　　※1
　　　　　　　　　　　　　　　　　　　　　　　　　　　※2

追究を見直すかかわり合い　　　　　　　　　　　　　　　　　　①
┌──────────────────────────────┐
│〈ペアにぴったりのバッグにするためにこだわったこと〉　　│
│丈夫さ　　　　　　使いやすさ　　　　　デザイン　　　　│
│・ポケットの端を　・持ち手の長さが　　・表と裏の布を変え│
│　三角に縫って補強　変えられるように　　てリバーシブルに│
│　したよ　　　　　　金具をつけたよ　　　したよ　　　　│
│　　ずっと使ってもらうためにもっとこだわって作りたいな　│
└──────────────────────────────┘

丈夫さを見直す　　　使いやすさを見直す　デザインを見直す⑧
・持ち手をバツ印に　・内ポケットを　　　・ペアが好きな水色の
　縫うよ　　　　　　　つけるよ　　　　　　布で作るよ　　※3
　　　　　　　　　ペアにプレゼントしたよ　　　　　　　　①
・喜んでくれてうれしいな　　　　・ずっと使ってほしいな　※4

核心に迫るかかわり合い　　　　　　　　　　　　　　　　　　①
┌──────────────────────────────┐
│〈ペアにバッグをプレゼントしてわかったこと〉　　　　　│
│丈夫さ　　　　　　使いやすさ　　　　　デザイン　　　　│
│・丈夫な縫い方をし　・ちょうどよい大き　・ポケットにつけた│
│　たから壊れないよ　　さで持ちやすいと　　飾りを喜んでくれ│
│　　　　　　　　　　　言っていたよ　　　　たよ　　　　│
│　使う人に合わせて考えたから，ペアにぴったりのバッグができたね│
└──────────────────────────────┘

学びを振り返るかかわり合い　　　　　　　　　　　　　　　　①
┌──────────────────────────────┐
│仲間からの学び　　　　自分の成長　　　　家庭科の学び　　│
│・仲間のおかげで　　・細部まで丈夫さに　・手づくりのものや使│
│　丈夫にする方法が　　こだわって，バッ　　う人に合わせた工夫│
│　わかったよ　　　　　グをつくることが　　をすると喜んでもら│
│　　　　　　　　　　　できたよ　　　　　　えるよ　　　　│
└──────────────────────────────┘

[教師支援]
◆　自分でつくった物をあげた経験やつくってもらった経験を想起し，手づくりのものはもらうとうれしいという意識をほりおこす。

※1　試作品ができ，自分でつくれたことに満足したところで，粘り強さをはたらかせ，長く使ってもらいたいという意識が高まるように，実際にペアに物を入れて持たせたり，感想を聞いたりする場を設定する。

※2　追究が停滞する姿が見られたところで，共感性をはたらかせ，自分と仲間の考えのよさや相違点に気づき，新たな視点で追究していけるように，試作品を見合ってから追究を見直すかかわり合いを設定する。

※3　長く使える視点でバックを見直そうと考えたところで，自己調整力をはたらかせ，細部まで丈夫さにこだわって製作する必要性を実感できるように，布を用いてポケットを丈夫に縫う方法を試す場を設定する。

※4　使う人に合わせた工夫を加えながら製作することができたところで，自分が追究してきたことへの自信を高め，手づくりのよさや工夫をしたことが生かされているかを実感するために，ペアに感想を聞いたり，実際に使っているところを見たりする場を設定する。

【単元後の子どもの姿】
・目的に応じた縫い方を理解したり，使う人に合わせた工夫を加えたりすることで，くらしをよりよくしようとすることができる子ども。
・互いのよさを認め合い，仲間の考えを取り入れながら，くらしをよりよくする工夫を考え，実行していく子ども。

5年　体育科　単元「ねらってパス　走ってキャッチ　つづけてつないで　ゴールへシュート　－コネクトディスク－」

○ひとり調べの時数　　◎かかわり合いの時数　　□□□□□問い　　◆ほりおこし　（22時間完了）

━━━━【単元前の子どもの姿】━━━━
・仲間とパスをつないで，得点することに楽しさを感じている子ども。
・仲間と活動することによさを感じ，仲間の様子を見たり，考えを知ろうとしたりする子ども。

━━━━ コネクトディスクをやってみよう ━━━━
・パスをつなげて得点を入れたよ　　・走りながら受けられたよ　　⑤
　　　　・パスを出してもすぐにカットされてしまうよ

問いを生むかかわり合い　　　　　　　　　　　　　　　　　　①
パスを出す側	パスを受ける側
・捕ってすぐ投げるよ	・相手や仲間を見て動くよ
・フリーの仲間を探すよ	・スペースを探すよ

┌─────────────────────────┐
│ スペースを使ってパスをつないでたくさん得点したいな │
└─────────────────────────┘

攻めるとき	守るとき　　　⑥
・囲まれる前にパスを出すよ	・一人一人をマークするよ
・高く遠くに投げてゴール前に いる仲間にパスを出すよ	・得点させないようにゴール エリア前で守るよ　　　※1

追究を見直すかかわり合い　　　　　　　　　　　　　　　　①
〈他チームのスペースを使う動きを試して気づいたこと〉
パスがつながる	パスがつながらない
・後ろのスペースに短いパス でつなげるよ	・すぐにマークされるよ
・スペースをつくるよ	・2，3人と人数をかけて 囲まれてしまうよ

┌─────────────────────────┐
│ チームの仲間とスペースをつくりだすことが必要だね │
└─────────────────────────┘

攻めるとき	守るとき　※2※3⑤
・相手をひきつけるようにするよ	・人数をかけてマークするよ
・投げたらすぐに移動するよ	・得点した後はすぐにもどるよ

核心に迫るかかわり合い　　　　　　　　　　　　　　　　　①
〈リーグ戦に向けた練習をやって考えたこと〉
攻めるとき	守るとき
・仲間とつくりだしたスペース を使って，パスのタイミング をはかりながら攻めるよ	・相手の動きに合わせてスペー スをつくらせないようにする とよいよ

┌─────────────────────────┐
│ すばやく攻守を切り替えて状況に応じた攻めや守りをすることが大切だね │
└─────────────────────────┘

・大会を開いてどれだけ強くなったか試してみるよ　　　　②

学びを振り返るかかわり合い　　　　　　　　　　　　　　　①
仲間からの学び	自分の成長	体育科の学び
・仲間の考えを聞いて 動きや作戦に生かす ことができたよ	・自分の考えを進ん で仲間に伝えるこ とができたよ	・スペースの使い方 やつくり方がわかっ たよ

[教師支援]

◆　鬼遊びで，泥棒を捕まえ たり，警察の宝が取られた りすることで，仲間と協力 して動きを合わせることは 大切であるという意識をほ りおこす。

※1　攻撃に応じた守備が向 上し，得点しにくくなると いう困り事が出てきたとこ ろで，他のチームの動き方 を確認し，自分の考えとの 共通点や相違点を明らかに するために，たくさん得点 しているチームの試合の映 像を見る場を設定する。

※2　チームでの話し合いの なかで，仲間の考えを優先 し，自分の考えを伝えられ ない消極的な姿が見られた ところで，自分の考えを進 んで伝えることができるよ うに，動き方や考えのよさ を認める対話をする。

※3　追究してきためざす動 きで得点できるようになり 自信を高めたところで，得 点するための動きの拡がり や高まりを感じることがで きるように，ゲームを始め た直後の映像と，現時点の ゲームの映像を全体で見比 べる場を設定する。

━━━━【単元後の子どもの姿】━━━━
・得点を入れるために正確にパスを出したり走りながらパスを受けたりする動きや，相手や仲間の動き を見てスペースをつくりだし，その使い方を考えて得点するための動きを拡げ高めていく子ども。
・遊びや運動で，仲間と動きを見合ったり教え合ったりしながら進んで仲間とかかわっていく子ども。

○ひとり調べの時数　　◎かかわり合いの時数　　[＿＿＿＿＿]問い　　◆ほりおこし　（19時間完了）

【単元前の子どもの姿】

・自分の思いや考えを伝えることが大切だと感じていて，相手が理解できる英語表現や伝え方を考えれば，相手が楽しんでくれると考える子ども。
・自分の意見を主張するだけではなく，仲間の意見を聞こうとする子ども。

留学生に紙芝居で日本の昔話を伝えるよ
・日本の昔話はおもしろいよ　　・桃太郎が人気だね　　④
・花咲かじいさんはおもしろいよ　・どの昔話を伝えようかな
マイク先生に紙芝居を読むよ　　②
・うまく話せなかったよ　　・楽しそうじゃないね
問いを生むかかわり合い　　①

> | わかるように伝えたいよ | 伝え方を工夫するよ |
> |---|---|
> | ・発音があいまいだね | ・声を大きくするよ |
> | ・わからない単語があるよ ✕ | ・おもしろさを伝えるよ |
> | ・聞いている人が楽しみながらわかるようにしたい | |

留学生に昔話の内容を理解してもらえるように，伝え方を工夫したいな

英語表現　　　　　　　伝え方　　③
・音声を聞いて，発音やイント　・スムーズに言えるように
ネーションを覚えるよ　　　　台本を覚えるよ
仲間の紙芝居を見るよ　　※1　①
・強弱やアクセントをつけるよ　・気持ちを込めるとよいね　※2
追究を見直すかかわり合い　　①

> 〈どうしたら留学生に内容を理解してもらえるのかな〉
> | 英語表現 | 伝え方 |
> |---|---|
> | ・単語と単語は音がつながるよ | ・悲しい気持ちや明るい |
> | ・Once upon a time は読み方が | 　気持ちを強調すると |
> | 　山みたいだよ | 　よいね　※3 |
>
> 留学生にわかりやすくするために，伝えたいことを強調するとよいね

英語表現の工夫　　　　相手を意識した工夫　　④
・音の変化を意識するよ　　・間を入れる　　※4
・強弱をつけて読むよ　　・big を強調すると強そうだね
留学生に紙芝居を聞いてもらうよ　①
・内容がしっかり伝わったね　　・笑顔で聞いてくれたよ
核心に迫るかかわり合い　　①

> 〈伝えたいことを留学生に理解してもらうために大切なこと〉
> | 英語表現の工夫 | 気持ちの伝え方 |
> |---|---|
> | ・発音や強弱，イントネー | ・声の大きさや高さを変えるよ |
> | 　ションに気をつけるよ | ・very very は2回目をゆっく |
> | ・Hit it harder. を速く読むよ | 　り言うと気持ちが込もるね |
>
> 伝え方を考えることで，自分の伝えたいことを理解してもらえるんだね

学びを振り返るかかわり合い　　①

> | 仲間からの学び | 自分の成長 | 英語科の学び |
> |---|---|---|
> | ・仲間の考えのよさ | ・聞く人のことを考え | ・伝えたいことに応じ |
> | 　がわかったよ | 　て練習し続けたよ | 　た表現ができたよ |

[教師支援]

◆　物語文「こわれた千の楽器」を場面ごとに役割分担して披露することで，登場人物の気持ちを考えながら声で演じたり，表現方法を工夫することは楽しいという意識をほりおこす。

※1　追究が停滞した姿が見られたところで，共感性をはたらかせて言語的伝達手段であるイントネーションやアクセントなどを意識できるように，仲間の紙芝居の様子を見る場を設定する。

※2　自分の紙芝居の伝え方に安易に満足したところで，聞き手の立場になって考えるなど新たな視点をもてるように，追究を見直すかかわり合いを設定する。

※3　かかわり合いにおいて，物語の内容面に目が向いたところで，聞き手を意識した表現にできるように，気持ちの伝え方という視点で考えている子どもを意図的指名する。

※4　仲間の伝え方を取り入れてみようと共感性をはたらかせたところで，新たな視点を取り入れようと仲間の伝え方のよさに目を向けた姿を朱記や対話で認める。

【単元後の子どもの姿】

・昔話を紙芝居で伝えることをとおして，外国の人の背景にある文化に配慮し，聞き手が楽しめるような伝え方ができる子ども。
・昔話を紙芝居で伝えることをとおして，仲間の考えのよさを取り入れることができる子ども。

3年　くすのき学習　単元「ふぞくっ子に笑いと笑顔を届けるよ　29人でつくる喜劇」

○活動の時数　◎かかわり合いの時数　　[＿＿＿＿]思いや願い　◆ほりおこし　（26時間完了）

━━━━【単元前の子どもの姿】━━━━
・まわりからよく思われたいという気持ちをもち，自分の行動を見直そうと口にする子ども。
・自分が思いついたことや考えたことを成し遂げようと夢中になれる子ども。

━━【喜劇を見てワークショップをしたよ】━━
| ・笑いすぎてお腹が痛かったよ | ・演じると楽しかったよ | ③ |
| ・笑って気持ちがすっきりした | ・劇を作ってやりたいな | |

思いや願いを確かめ合うかかわり合い　　　　　　①

劇ができたら		劇をとおして
・ふぞくっ子を笑わせたい	╳	・大きな声で言えるようになる
・笑顔あふれて明るい		・自信をもってやりたい
附属小にしたい		・成長した自分を見せたい

[自分たちの劇で，ふぞくっ子を笑わせて笑顔にしたいな]

せりふ	動き	気持ち	道具・衣装⑥
・声の大きさ	・役になりきる	・粘り強く	・段ボールで
・ことばをおも	・タイミングを	・チームワーク	小道具を作る
しろくする	合わせる	を大切に	・役に合う衣装
	・自分の役の動きをどうしたらよいのか迷うよ		※1

活動を見直すかかわり合い①　　　　　　　　　①

〈場面ごとに見合って考えたこと〉
うまくできた	おもしろさが伝わらない	直したい
・声を大きく	・声が小さかったよ	・タイミングのずれ
・リアクションが	・役に合っていない	・立ち位置のかぶり
よくなった	動きだったよ	・動きと声の連動

[仲間のアドバイスを生かしてやってみるよ]

仲間のやり方でやってみたよ　　　　　　　　　⑧
| ・演技がわかりやすくなった | ・他の学級に見てもらいたい |

3年生からのアドバイスで考えたこと　　　　　※2
| ・笑ってくれてうれしい | ・劇の内容が伝わっていなかった |

※3
活動を見直すかかわり合い②　　　　　　　　　①

〈見ている人に内容を伝えるためには〉
声で伝える	動きで伝える
・内容説明をナレーターがする	・大きなリアクションで
・棒読みではなく，気持を込める	・BGMに合わせた動き
	・声と動きの視点を合わせて演技する

[見る人の視点を考えて，声も動きも合わせて劇をするよ]

| ・ナレーターと動きが合った | ・劇が完成したよ　※4　⑤ |

ふぞくっ子に劇を見せたよ
| ・みんな笑ってくれた | ・笑顔にできて，やった甲斐があった |

活動を振り返るかかわり合い　　　　　　　　　①

仲間からの学び	自分の成長	くすのき学習の学び
・協力したからこそ	・自信をつけること	・ふぞくっ子を笑顔に
劇ができたよ	ができたよ	することができた

[教師支援]
◆　他己紹介する場を設けて，紹介された仲間が喜ぶ姿から，人を喜ばせることはうれしいという意識をほりおこす。

※1　自分たちの場面に自信をもち始めて，まわりからはどのように見られるのかを気にする様子が見られたところで，仲間の演技のよさに目を向けて，自分の取り組み方を見つめ直す機会となるように，場面ごとに見合う場を設定する。

※2　自分たちの演技に自信をもち，劇が完成したと安易に満足したところで，見る人の視点で考えられるようにするために，同学年の仲間に劇を見てもらう場を設定する。

※3　内容を伝える重要性に気づき，自分の演技に対する自信がゆらいだところで，自己調整力をはたらかせながら，仲間の考えを理解し，自分の考えを見つめ直せるように，活動を見直すかかわり合いを設定する。

※4　劇を見直し，演じることに自信をもったところで，自分の成長を実感できるように，劇団の方に劇を見て認めてもらう場を設定する。

━━━━【単元後の子どもの姿】━━━━
・見る人に笑いと笑顔を届ける劇にするために，どうしたらよいかを考えるなかで，見る人の視点をふまえながら，自分の取り組み方を見つめ直し，仲間とともに活動を進めることができる子ども。
・演技の練習をするなかで，互いの演技を見合ったり，アドバイスしたりするなかで，仲間の考えを共感的に受け止め，自分の演技に取り入れようとする子ども。

6年　くすのき学習　単元「コロナと闘うプロフェッショナルたち」

○活動の時数　◎かかわり合いの時数　☐☐☐☐☐☐思いや願い　◆ほりおこし　（34時間完了）

───── 【単元前の子どもの姿】 ─────
・仲間の考えのよさや仲間の存在の大切さを感じ，共感的に他の意見を受け入れることができる子ども。
・学校内外にかかわらず，誰かのためになる活動に価値を感じ始めた子ども。

医師からコロナの話を聞いたよ	
・多くの人がコロナと闘っている　・大変さがよくわかった	⑧
コロナと闘っている人にインタビューをするよ	
・大変な思いをしている　　　　・予防をしてほしい	
思いや願いを確かめ合うかかわり合い	①

コロナと闘う人	自分ができること
・次に生かそうと仕事をしている→プロフェッショナルだね	・予防が助けになるよ
・信念を曲げない仕事	・全校に伝えたいな
・直接聞くからわかったよ	╳ ・すぐには伝わらないよ

コロナと闘う人々のために，できることをしたいな

目的をはっきり	誰に伝えるか	⑧
・闘う人の大変さを知らせる　↓	・低学年にも伝えたい	※1
・大変だねで終わらせない工夫	・保護者にも伝えたい	
	・校外の多くの人にも	

コロナと闘う人の大変さを全校に伝えるための準備をするよ
・劇の台本を考えるよ　　　・スライドを作るよ　　※2
活動を見直すかかわり合い①　　　　　　　　　　　　①

〈発表の方法や内容をどうするとよいかな〉

見る人のことを考えて	闘う人のことを考えて
・知りたいと思えるクイズ	╳ ・クイズや劇で思いは伝わらない
・劇なら低学年にもわかる	・楽しい発表とは違う
・大変さだけじゃなく闘う人のすごさを伝える内容に	

コロナと闘う人の思いも考えて，すごさを伝える内容にするよ

闘う人の思い	闘う人のすごさ	⑥
・誰かがやらないといけないから自分が→かっこいい	・これまでにワクチンを17,000回分うったらしい ※3	

活動を見直すかかわり合い②　　　　　　　　　　　　①

〈闘う人のすごさを伝える方向にきちんと向かっているのかな〉

学級全体として	個人として
・「すごい」という反応	・もっとわかりやすく発表
・伝わっていることがわかる	・みんなと比べて内容に不安
コロナと闘う人のために，よい発表や活動にするよ	

・スライドを作り直すよ　　・校外で発表して伝えるよ　　※4⑧
活動を振り返るかかわり合い　　　　　　　　　　　　①

仲間からの学び	自分の成長	くすのき学習の学び
・まわりの発表を参考にして改善した	・発表をがんばったことで自信がついた	・真剣な人の思いを伝えたいと思えたよ

［教師支援］

◆　卒業に向けてがんばりたいことをテーマに話し合いを行い，仲間とよりよい学校生活にしたいという意識をほりおこす。

※1　一人で活動できないことに気づき，**仲間の考えに目を向け始めた**ところで，自分たちで活動の方向性を決められるように，子どもたちが十分に話し合う場を設定する。

※2　グループごとの発表方法や内容がまとまり，自分たちの活動に安易に満足したところで，互いの発表を比較して目的に合っているか考えられるようにするために，発表を見合う場を設定する。

※3　校内での発表を終えて，アンケート結果から**自分たちの活動に自信をもち始め**たところで，自己調整力をはたらかせながら校外に目を向けて自分の活動を再度見つめ直すことができるように，活動を見直すかかわり合いを設定する。

※4　発表後に，活動を振り返って自信をもったところで達成感を味わえるように，アンケートで客観的な評価を受ける場を設定する。

───── 【単元後の子どもの姿】 ─────
・自分たちで活動を計画し，実行するなかで，自分の考えや行動に対する自信を高め，積極的に仲間に考えを伝えたり，様々な立場の人とかかわったりすることができる子ども。
・社会で働く人に目を向けたり，仲間の考えの背景を理解したりしながら，よりよい活動を模索し，自分たちで思いや願いを実現できる子ども。

子どもが自己の成長を自覚できるようにするための教師支援②

図画工作科　6年
「120年の歴史をつなぐ　ステンドグラスアート　未来へ残したい　光輝く附属小」(p.117)

　真菜は,「附属小の伝統や自然を明るく, 楽しく伝えたい」という自分の想いを具現化する表現を求めて追求をしていった。そして, 作品(3)が完成したときに,「見ている人の記憶に残る作品になった」と満足感や達成感を学習記録につづったのである。このタイミングなら, 真菜が, 教科・領域特有の資質・能力の高まりを実感し, 自己の成長を自覚できると考え, これまでの作品を光の当たる窓際に並べて展示し, 比較できるようにしたうえで, 核心に迫るかかわり合いを設定した。

自己の成長を自覚できるようにするための教師支援Ⅰ〈作品を比較する場の設定・問い返し〉
① 作品(1)と作品(2)は並べて展示し, 作品(3)は手にしながら作品の変容を語れるようにする。
② 子どもが背景の表現について語ったタイミングで, 変容した理由について問い返す。

作品(1)

アイデアスケッチを
右下に取り入れた

作品(2)

主役をひき立てる背景
の表現を意識した

作品(3)

　作品(1)と(2)と比べると, 作品(3)は「緑豊かな附小」がより伝わるものになったと思います。お花の数も増やしたり, 色がたくさんあるので, 見ている人の記憶に残る作品になったと思います。作品(3)は, 主役はあまりこだわらず, 背景を工夫しました。　　　　（6月23日　真菜の学習記録）

　「背景を工夫しました」から, 教科・領域特有の資質・能力の高まりを実感した姿はうかがえるものの, その要因となってはたらいたものについては, 十分に意識してはいないことがわかった。そこで, これまでの学習記録や作品を見返して振り返り作文を書いた後で, 自己の成長を自覚できるようにするために, 学びを振り返るかかわり合いを設定した。

自己の成長を自覚できるようにするための教師支援Ⅱ〈学びを振り返るかかわり合いの設定・問い返し〉
① 「ステンドグラスづくりをとおして学んだこと」についてかかわり合いをする。
② 子どもが自己の成長について語ったタイミングで, 成長した理由について問い返す。

真菜 56　自分の気持ちを見ている人にわかってもらうための一つの方法なんだなっていうのをいろいろ考えたりするようになったことが, 自分の成長なのかなって思いました。
Ｔ　 57　真菜さんがそういうふうに成長したのは, なんでだと思う？成長した理由はなんなのかな？作品(1)とか(2)のときは, 黄色い丸を描いているけど, どうして変わったの？
真菜 58　自分がステンドグラスで,「どうしたらもっと附小がよくなるのかな」って考えてるうちに, 育美のアドバイスを聞いたり, 育美の作品を見ていて, 細かな色の変化がわかるようになってきたから, 前よりも絵の見方が変わってきたと思います。
　　　　　　　　　　　　　　　　（7月12日　学びを振り返るかかわり合い　授業記録）

　教師が子どもをとらえ, 必要なタイミングで教師支援を講じた。その結果, 学びを振り返るかかわり合いのなかで, 成長した場面を想起し, 自己の成長を自覚したのである。

おわりに

仁志君は，はじめてなのにたくさん取っていてすごいなと思いました。ぼくは，１位のグループから２位の
グループに下がってしまったけど，Ｋ－１グランプリ（※英語カルタ大会）にしてよかったです。（生活日記）

　自分たちの学級にアメリカンスクールから体験入学生が来て，３日間一緒に生活することを
知った子どもたちは，体験初日に歓迎会を開催しました。この日記は，その歓迎会後に書かれ
たものです。歓迎会の内容を話し合う学級会で，この子どもは，自分の得意なドッジボールを
提案しました。「仁志君はドッジボール得意かな」と心配する仲間の考えが出されるなか，最
終決定の多数決では，Ｋ－１グランプリに票を投じたのです。この子どもの最終的な判断・決
定には，生活のなかで育まれた様々な「非認知的能力」のはたらきが影響していると感じまし
た。

　本校では，大正15年に出版した『体験　生活深化の眞教育』の理念を，子どもの生きる力を
育むために最も有効的な教育理論であると信じて疑わず，不易なものとして大切にしてきまし
た。そして，その理念を具現化するために，子ども一人一人の人間形成を主眼においた問題解
決学習を展開してきました。われわれが大切にしている問題解決学習を展開するにあたり，本
校職員は，目の前の子どもの成長を望むことができる教材や支援を模索してきました。そのな
かで，子どもたちの単元前の姿や単元後にめざす姿，単元中の姿における，目には見えづらい
子どもの内面を，「非認知的能力」の視点でとらえることに辿り着きました。そして，あらゆ
る場面の子どもの姿を，「非認知的能力」の視点でとらえ続けることで，子どもたちが生活のな
かで判断・決定する際，様々な「非認知的能力」が影響していることがわかりました。今では，
「非認知的能力」が高まることで，子どもの生活がより豊かなものになると確信しています。

　本校は，「非認知的能力」に着目して６年間，研究を続けてまいりました。その間に，各教
科・領域の研究実践を重ねることで，単元前から単元後までの子どものとらえ方，子どもの追
究を深めるための教師支援などが見えてきました。今回，議論を繰り返しながら研究を行って
きた成果を整理しまとめたものを，「自己の成長を自覚する子ども」と題し，書籍として世に
問うことにいたしました。

　最後に，研究協議会の助言者・司会者の皆様，本校授業研の講師の皆様をはじめ，県内外を
問わず，数多く教育関係者の皆様のお力添えをいただき，本書を出版することができました。
心から感謝申し上げます。今後も，目の前の子どもを大切にし，成長を願って研究に真摯に取
り組んでいく所存です。今後とも，変わらぬご支援を賜りますようお願い申し上げます。

　令和５年11月

愛知教育大学附属岡崎小学校

教頭　廣　川　幸　平

愛知教育大学附属岡崎小学校の研究のあゆみ

明治34年4月　◎開校

　　　　　　　・個別学習，自由学習を取り入れ研究を進める

　　　　　　　・全国にさきがけ，朝会を行う

大正5年6月　◇第1回小学教育研究会

大正7年6月　◇第3回小学教育研究会

　　　　　　　・「自学的訓練」「自学的教育」を使用する

大正8年6月　◇第4回小学教育研究会

　　　　　　　・講話で「生活教育」を使用

大正9年4月　特設学級設置（男17人，女17人）

　　　　　　　この実践を中心にして生活教育の実践研究に取り組む

大正10年　　　直観科設置

大正12年6月　『特設学級概要』刊行

大正14年　　　問題解決学習の実際的理論を確立し，生活教育を主張し，自由研究を特設する

大正15年2月　『体験　生活深化の眞教育』（東洋図書）出版

昭和6年　　　労作教育講習会開催

昭和8年6月　『生活教育の理論と実践』刊行

昭和10年6月　『生活教育の実践』（東洋図書）出版

昭和15年10月　国民学校の教育理念，教育機構，教科経営，学年経営について研究

昭和16年10月　◇小学教育研究会が初等教育研究会と名称変更

昭和18年10月　◇第28回初等教育研究会　以後，研究会一時中断

昭和21年10月　生活教育の再建に立ち上がる

昭和22年2月　◇第29回初等教育研究会開催

昭和23年11月　○第1回生活教育研究協議会

　　　　　　　　『生活教育研究第1集』刊行

昭和24年11月　『生活学校の姿』刊行

　　　　　　　　学習指導，自治指導，クラブ指導，生活団指導の4つの面についての生活設計

　　　　　　　　を公表

昭和35年11月　『生活深化の教育体系』（東洋館）出版

昭和42年11月　『読みの楽しさを育てる読解指導』（明治図書）出版

　　　　　　　　『集合の考えを生かした算数指導』（明治図書）出版

　　　　　　　　『四次元の造形教育　子どもの車』（明治図書）出版

昭和44年11月　『問題意識を育てる社会科指導』（明治図書）出版

　　　　　　　　『自然を統一的にみる理科の指導』（明治図書）出版

昭和46年6月　『授業を創造する人間関係』（明治図書）出版

昭和51年10月　『具体的な授業とは　―わかるプロセスの追究―』（黎明書房）出版

昭和55年10月　『問いつづける子ども』（明治図書）出版

昭和59年10月　『子どもとともに創る授業』（明治図書）出版

昭和63年10月　『生活を拓く授業』（明治図書）出版

平成4年9月　『この子の輝く授業』（明治図書）出版

平成8年10月　『未来を生きぬく子ども』（明治図書）出版

平成12年9月　『新たな自分を創る子ども』（明治図書）出版

平成16年10月　『学びの経験を生かす授業』（明治図書）出版

平成20年10月　『教科の本質に迫る授業』（明治図書）出版

平成24年11月　『教師の「授業を読む」力を鍛える』（明治図書）出版

平成29年12月　『自らの意思で判断・決定していく子ども―問題解決学習×自覚×教師支援―』

　　　　　　　　　　　　　　　　　　　　　　　　　　　　　　　　　　　　（明治図書）出版

【著者紹介】

愛知教育大学附属岡崎小学校

〒444-0072　岡崎市六供町八貫15
TEL 0564(21)2237　　FAX 0564(21)2937
URL https://www.op.aichi-edu.ac.jp
E-mail aoi@m.auecc.aichi-edu.ac.jp

〔主な著書〕
『読みの楽しさを育てる読解指導』(昭42) 明治図書
『集合の考えを生かした算数指導』(昭42) 明治図書
『四次元の造形教育　子どもの車』(昭42) 明治図書
『問題意識を育てる社会科指導』(昭44) 明治図書
『自然を統一的にみる理科の指導』(昭44) 明治図書
『授業を創造する人間関係』(昭46) 明治図書
『具体的な授業とは』(昭51) 黎明書房
『問いつづける子ども』(昭55) 明治図書
『子どもとともに創る授業』(昭59) 明治図書
『生活を拓く授業』(昭63) 明治図書
『この子の輝く授業』(平4) 明治図書
『未来を生きぬく子ども』(平8) 明治図書
『新たな自分を創る子ども』(平12) 明治図書
『学びの経験を生かす授業』(平16) 明治図書
『教科の本質に迫る授業』(平20) 明治図書
『教師の「授業を読む」力を鍛える』(平24) 明治図書
『自らの意思で判断・決定していく子ども』(平29) 明治図書

自己の成長を自覚する子ども
　　　―非認知的能力に着目した教師支援―

2023年12月初版第1刷刊　©著　者　愛知教育大学附属岡崎小学校
　　　　　　　　　　　発行者　藤　原　光　政
　　　　　　　　　　　発行所　明治図書出版株式会社
　　　　　　　　　　　　　http://www.meijitosho.co.jp
　　　　　　　　　　(企画)木山麻衣子 (校正)有海有理
　　　　　　　　　　〒114-0023　東京都北区滝野川7-46-1
　　　　　　　　　　振替00160-5-151318　電話03(5907)6702
　　　　　　　　　　　　ご注文窓口　電話03(5907)6668
＊検印省略　　　　　　組版所 株式会社木元省美堂

Printed in Japan　　　　　　　ISBN978-4-18-261621-1
もれなくクーポンがもらえる!読者アンケートはこちらから